ALFABETIZAÇÃO

ALFABETIZAÇÃO: LEITURA DO MUNDO, LEITURA DA PALAVRA

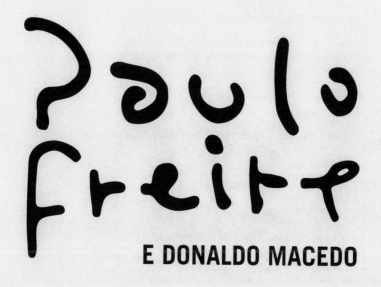

Paulo Freire
E DONALDO MACEDO

13ª edição

Tradução:
Lólio Lourenço de Oliveira

PAZ & TERRA

Rio de Janeiro
2025

Prefácio:
Ann E. Berthoff

Introdução:
Henry A. Giroux

Copyright © Editora Villa das Letras

Título original: *Literacy: reading the word and the world*

Direitos de edição da obra em língua portuguesa adquiridos pela Editora Paz e Terra. Todos os direitos reservados. Nenhuma parte desta obra pode ser apropriada e estocada em sistema de banco de dados ou processo similar, em qualquer forma ou meio, seja eletrônico, de fotocópia, gravação etc., sem a permissão do detentor do copyright.

Editora Paz e Terra Ltda.
Rua Argentina, 171, 3° andar – São Cristóvão
Rio de Janeiro, RJ – 20921-380
http://www.record.com.br

Seja um leitor preferencial Record.
Cadastre-se e receba informações sobre nossos lançamentos e nossas promoções.

Atendimento e venda direta ao leitor:
sac@record.com.br

Texto revisado pelo novo Acordo Ortográfico da Língua Portuguesa.

CIP-BRASIL. CATALOGAÇÃO NA FONTE
SINDICATO NACIONAL DOS EDITORES DE LIVROS, RJ

Freire, Paulo, 1921-1997
    Alfabetização : leitura do mundo, leitura da palavra / Paulo Freire, Donaldo Macedo ; tradução Lólio Lourenço de Oliveira. – 13ª ed. – Rio de Janeiro: Paz e Terra, 2025.

    1. Alfabetização 2. Autodeterminação 3. Política e educação
    I. Macedo, Donaldo II. Título.

    Bibliografia
    ISBN 978-85-7753-429-6

CDD-370.115

Índices para catálogo sistemático:
1. Alfabetização e política educacional 379
2. Educação e democracia 370.115

Impresso no Brasil
2025

Sumário

PREÂMBULO   7

PREFÁCIO
ANN E. BERTHOFF   11

CARTA AOS LEITORES   31

INTRODUÇÃO: ALFABETIZAÇÃO E A PEDAGOGIA DO *EMPOWERMENT* POLÍTICO
HENRY A. GIROUX   33

1   Repensando a alfabetização: um diálogo   79
2   Alfabetização na Guiné-Bissau: um reencontro   103
3   O analfabetismo da alfabetização nos Estados Unidos   139
4   Alfabetização e pedagogia crítica   169
5   Repensando a pedagogia crítica: um diálogo com Paulo Freire   199

APÊNDICE: CARTA A MÁRIO CABRAL   245

BIBLIOGRAFIA   259

ÍNDICE REMISSIVO   261

Preâmbulo

A CRISE DO ANALFABETISMO TEM SIDO, comumente, considerada um fenômeno adstrito aos países do Terceiro Mundo. Cada vez mais, porém, o analfabetismo ameaça a continuidade do desenvolvimento de países altamente industrializados. Um livro muito famoso de Jonathan Kozol, *Illiterate America* (1985), oferece uma análise sucinta da crise do analfabetismo nos Estados Unidos, onde mais de sessenta milhões de norte-americanos são analfabetos, ou funcionalmente analfabetos. As implicações desse nível tão alto de analfabetismo são de largo alcance e, no entanto, amplamente ignoradas. O analfabetismo não só ameaça a ordem econômica de uma sociedade, como também constitui profunda injustiça. Essa injustiça tem graves consequências, como a incapacidade dos analfabetos de tomarem decisões por si mesmos, ou de participarem do processo político. Desse modo, o analfabetismo ameaça o caráter mesmo da democracia. Solapa os princípios democráticos de uma sociedade.

A crise mundial do analfabetismo, se não combatida, exacerbará ainda mais a debilidade das instituições democráticas e as injustas relações assimétricas de poder que caracterizam a natureza contraditória das democracias contemporâneas. A contradição inerente à utilização hoje feita do termo "democracia" foi captada de maneira expressiva por Noam Chomsky (*On Power and Ideology* [1987]), em sua análise da sociedade dos Estados Unidos.

"Democracia", na retórica dos Estados Unidos, diz respeito a um sistema de governo em que elementos da elite, instalados na comunidade empresarial, controlam o Estado, graças a sua predominância na sociedade privada, enquanto a população observa silenciosamente. Assim entendida, a democracia é um sistema de decisão de elite e de ratificação pública, como se dá nos Estados Unidos. Em consequência disso, o envolvimento popular na formação das políticas públicas é considerado uma grave ameaça. Isso não constitui um passo em direção à democracia; antes representa uma "crise da democracia" que deve ser superada.

A fim de superar, pelo menos parcialmente, essa "crise da democracia", deve-se instituir uma campanha de alfabetização crítica. Deve ser uma campanha de alfabetização que transcenda o atual debate a respeito da crise da alfabetização — o qual tende a retomar velhos pressupostos e valores relativos ao significado e à utilidade da alfabetização —, ou seja, a ideia de que a alfabetização é simplesmente um processo mecânico que enfatiza excessivamente a aquisição técnica das habilidades de leitura e de escrita.

Em *Alfabetização: leitura do mundo, leitura da palavra*, acenamos com uma visão da alfabetização como uma forma de política cultural. Em nossa análise, a alfabetização torna-se um construto significativo na medida em que é encarada como um conjunto de práticas que funciona para *empower*,[1] ou para *disempower*, as pessoas. Em seu sentido

---

[1] O verbo *to empower* tem um significado muito rico: 1. dar poder a; 2. ativar a potencialidade criativa; 3. desenvolver a potencialidade criativa do sujeito; 4.

mais amplo, a alfabetização é analisada conforme funcione para reproduzir a formação social existente, ou como um conjunto de práticas culturais que promove a mudança democrática e emancipadora. Neste livro, valemo-nos de um conceito de alfabetização que transcende seu conteúdo etimológico. Isto é, a alfabetização não pode ser reduzida ao mero lidar com letras e palavras, como uma esfera puramente mecânica. Precisamos ir além dessa compreensão rígida da alfabetização e começar a encará-la como a relação entre os educandos e o mundo, mediada pela prática transformadora desse mundo, que tem lugar precisamente no ambiente em que se movem os educandos.

Alfabetização: leitura do mundo, leitura da palavra compõe-se de três partes: 1. capítulos que oferecem uma reconstrução teórica da alfabetização, como se discute nos diálogos; 2. capítulos que oferecem análises históricas concretas de campanhas de alfabetização em países como o Cabo Verde, São Tomé e Príncipe e a Guiné-Bissau; 3. capítulos animados por uma linguagem e um projeto do possível, que criticam os antigos modos de ver a alfabetização, ao mesmo tempo que traçam novos caminhos que apontam para alternativas novas.

Consideramos extremamente importante que os leitores comecem este livro lendo a Introdução de Henry Giroux. Giroux situa *Alfabetização: leitura do mundo, leitura da palavra* em um contexto que fornece uma base para desenvolver uma pedagogia crítica relativamente às implicações teóricas e práticas globais do livro.

---

dinamizar a potencialidade do sujeito. Por isso, preferimos manter essa palavra no original, bem como suas derivadas *empowerment* (subst.), *empowering* (ger.), *disempower* (antôn.) etc.

Desejamos expressar nossos sinceros agradecimentos a Henry Giroux por seus percucientes comentários e contribuições no correr da preparação do manuscrito. Agradecemos a nossos colegas e amigos do Departamento de Inglês da Universidade de Massachusetts, em Boston, por seu decidido apoio, desde que este livro foi concebido, particularmente a Neal Bruss, Vivian Zamel, Ron Schreiber, Polly Ulichny, Eleanor Kutz, Candace Mitchell, Elsa Auerbach e Ann Berthoff. Queremos também expressar gratidão a Jack Kimball e a Julie Brines por sua inestimável ajuda na copidescagem do texto. Agradecemos a Dale Koike pela enorme ajuda na tradução de partes deste livro. Nossos agradecimentos a Barbara Graceffa, que ajudou pacientemente com a datilografia e a preparação dos originais. Finalmente, agradecemos a nossas famílias pelo permanente e firme apoio a nossos esforços para contribuir no desenvolvimento de um projeto do possível.

Paulo Freire
Pontifícia Universidade Católica
São Paulo, Brasil

Donaldo Macedo
Universidade de Massachusetts
Boston, Estados Unidos

Prefácio[2]

Em *Ação cultural para a liberdade*, diz-nos Paulo Freire que, ao procurar "apreender a subjetividade e a objetividade em sua dialeticidade" — ou seja, compreender a promessa e as limitações do que chama de "conscientização" —, procurando centrar seus esforços, ele se tornou "um andarilho do óbvio, tornando-se o andarilho da desmitificação da conscientização". E continua: "Nesta andarilhagem, venho apreendendo também quão importante se faz tomar o óbvio como objeto de nossa reflexão crítica."

Paulo Freire nos ensina a olhar — e a olhar novamente — para nossa teoria e prática e para o método que podemos extrair da dialética da relação entre elas. No campo da teoria da alfabetização, nada é mais importante do que olhar e olhar novamente para o papel de uma percepção do perceber, de pensar sobre o pensamento, de interpretar nossas interpretações. Essas circularidades deixam atordoados os positivistas; faz com que aqueles que Freire chama

[2] Incluí, nestes comentários, observações extraídas da apresentação que fiz de Paulo Freire na Biblioteca Kennedy, de Boston, em 1985, e incorporei algumas passagens tiradas de um relatório sobre a visita de Paulo Freire à Universidade de Massachusetts, em Boston, em 1984, preparado por solicitação de James H. Broderick e por ele publicado para distribuição na Faculdade de Artes e Ciências. Essa visita de Freire foi patrocinada pelo Scholarship in Teaching, programa dirigido pelo professor Broderick e financiado pela Fundação Ford. Para a preparação deste prefácio, consultei meus amigos e colegas Elsa Auerbach, Lil Brannon, Neal Bruss, Louise Dunlap e Dixie Goswami.

de "mecanicistas" fiquem muito aflitos com a pedagogia do oprimido. Uma das coisas que mais aprecio em Paulo Freire é que ele é inquieto, mas não aflito. São assim os andarilhos: amam o próprio ócio e, como Sócrates, o primeiro dessa estirpe, deleitam-se com o diálogo especulativo e crítico em cenários bucólicos — mas também estão constantemente em movimento.

Paulo Freire está uma vez mais em movimento, e essa atividade, como se esperaria de um mestre da dialética, implica olhar novamente para suas formulações mais antigas. Neste livro, que se segue imediatamente a *Ação cultural para a liberdade*, uma vez mais nos é oferecida uma série de reflexões e de reconsiderações: três delas sob a forma de longos diálogos com Donaldo Macedo, juntamente com uma carta (1977) extraordinariamente interessante a Mário Cabral, Ministro da Educação da Guiné-Bissau. Em comentário sobre o contexto cultural de todo discurso, Freire assinala, no capítulo 3: "Considero que a pedagogia será tanto mais crítica e radical, quanto mais ela for investigativa e menos certa de 'certezas'. Quanto mais 'inquieta' for uma pedagogia, mais crítica ela se tornará." É evidente que ele não tem intenção alguma de permitir que sua própria pedagogia se assente sobre a "certeza". Aos leitores que conhecem de muito a teoria e a prática de Freire, pode parecer que esse tipo de revisão nada teria a oferecer, mas certamente não é o que acontece. Somos convidados a nos tornar andarilhos do óbvio, e o proveito é muito grande.

É instrutivo, pois, começar de novo com Paulo Freire, porque seu começo sempre foi interessante e nunca banal; sempre complexo, embora não complicado. A complexidade está ali porque ali está a dialética. Nada sobre a sociedade, a língua, a cultura ou a alma humana é simples: onde quer que haja seres humanos, há atividade; e os atos humanos são processos e os processos são dialéticos. Nada simplesmente *se desenrola*, quer na natureza, quer na história; a obstinação das ambiências e estruturas de toda espécie é necessária ao crescimento e ao desenvolvimento, à mudança e à transformação. Isso é uma coisa óbvia, e temos que fazer uma grande caminhada antes que possamos pretender compreender.

É justo que se diga que a influência de Paulo Freire teve alcance mundial e que o êxito no enfrentamento do problema do analfabetismo, seja no Terceiro Mundo ou nas cidades do interior do mundo ocidental, pode muito bem depender de em que medida os responsáveis por programas de alfabetização venham a compreender o significado da pedagogia do oprimido de Paulo Freire. Se a educação deve atuar de outra maneira que não como instrumento de opressão, ela deve ser concebida como uma "pedagogia do saber".[3] A educação para a liberdade não é simplesmente uma questão de estimular o ensino que tenha um certo sabor político; não é um meio de transmitir ideias tidas como verdadeiras, por "melhores" que elas sejam; não se trata de *doar* o conhecimento do professor aos não instruídos ou

---

[3] Certa vez, fui censurado por um companheiro, admirador de Paulo Freire, por falar numa "pedagogia do saber" em vez de "pedagogia do oprimido" de Freire. São ambas uma só e mesma coisa: a pedagogia do oprimido, para não se basear em modelos bancário ou de nutrição, deve ser "uma pedagogia do saber", expressão empregada por Freire em seu importante ensaio sobre conscientização. Cf. *Ação cultural para a liberdade e outros escritos*. Rio de Janeiro: Paz e Terra, 1976 [13ª edição, São Paulo: Paz e Terra, 2011].

de informá-los sobre o fato da opressão que sofrem. O ensino e a aprendizagem são dialógicos por natureza, e a ação dialógica depende da percepção de cada um como cognoscente, atitude essa que Freire chama de conscientização. Essa "consciência crítica" é enformada por uma visão de linguagem filosoficamente bem fundada e animada por aquele respeito não emotivo pelos seres humanos que apenas uma sólida filosofia da mente pode assegurar.

Em minha opinião, não há muito que se possa fazer com as ideias de Paulo Freire a menos que se atenda a duas condições: que estudemos rigorosamente sua filosofia da linguagem e da aprendizagem, uma vez que ela, fundamentalmente, não condiz com as opiniões que têm sido disseminadas e institucionalizadas (durante quarenta anos, pelo menos) por educadores, pesquisadores e, também, por burocratas; e que reinventemos os formatos de nossas conferências e periódicos e, naturalmente, de nossas salas de aula. Voltarei a este último ponto, mas, por enquanto, particularmente em proveito daqueles para quem isto seja uma introdução à obra de Freire, vou fazer um esboço de sua filosofia da linguagem e do conceito de aprendizagem a que ela dá sustentação.

A linguagem fornece a Paulo Freire metáforas geradoras. Sua visão do homem como o animal da linguagem (*animal symbolicum*) está em consonância com as concepções de Whitehead, Peirce, Cassirer, Langer e outros de quem se possa extrair uma filosofia da libertação. Freire o expressa deste modo: "O ato de aprender a ler e escrever deve começar a partir de uma compreensão muito abrangente do ato de ler o mundo, coisa que os seres humanos fazem antes de ler a palavra. Até mesmo historicamente, os seres humanos primeiro mudaram o mundo, depois revelaram o mundo e, a seguir, escreveram as palavras. Esses são momentos da história. Os seres humanos não começaram por nomear A! F! N! Começaram por libertar a mão e apossar-se do mundo."

Isso ele disse na Universidade de Massachusetts, em Boston. No capítulo 3 deste livro, expressa-o deste modo: "Ler a palavra e aprender como escrever a palavra, de modo que alguém possa lê-la depois, são precedidos do aprender como escrever o mundo, isto é, ter a experiência de mudar o mundo e de estar em contato com o mundo." Freire certamente saberia o que Emerson queria dizer quando falava de "a mão da mente".

Às vezes estamos tão acostumados a pensar na linguagem como um "meio de comunicação" que pode ser surpreendente descobrir, ou ser levado a lembrar, que a linguagem é o *meio* de construir aqueles *significados* que comunicamos. A pedagogia de Freire funda-se numa compreensão filosófica desse poder gerador da linguagem. Quando falamos, o poder discursivo da linguagem — sua tendência para a sintaxe — traz o pensamento junto com ela. Não pensamos nossos pensamentos e, depois, os pomos em palavras; dizemos e significamos simultaneamente. A elocução e o significado são simultâneos e correlatos. (Freire, como Vygotsky, põe de parte a questão da prioridade da linguagem ou do pensamento como a questão do ovo e da galinha.)

Ao demonstrar, nos Círculos de Cultura, o papel do diálogo na construção do significado, Freire também indica um modo de pôr de parte o debate estéril a respeito do caráter "natural" da linguagem. A aptidão para a linguagem é inata, mas só se pode concretizar em uma situação social. Camponeses e professor estão empenhados numa ação dialógica, num intercâmbio ativo do qual os significados emergem e *são vistos emergir,* para a pedagogia de Paulo Freire é essencial que os educandos sejam capacitados pelo conhecimento de que são educandos. Essa ideia não condiz com a sabedoria tradicional da prática educativa atual que enfatiza que onde quer que o *saber como* seja de importância crucial, o *saber que* é uma perda de tempo. O modelo tradicional para a aprendizagem de uma segunda língua, bem como para a "aquisição" de "habilidades para ler e escrever", é a atividade motora. Juntamente com os modelos desenvolvimentistas de crescimento cognitivo, essa visão da aprendizagem legitima a ideia do ensino como "intervenção" e da teoria como uma imposição autoritária.

A conscientização de Freire vira de cabeça para baixo essas ideias. Ele nos ajuda a compreender o pleno significado do nome de nossa espécie, *Homo sapiens sapiens:* o homem é o animal que sabe que sabe. Freire afirma enfaticamente em *Pedagogia do oprimido* que nossa espécie vive não só no momento presente, mas na história. A linguagem nos dá o poder de recordar significados, e desse modo podemos não só interpretar — uma aptidão animal — como interpretar nossas interpretações. *Saber que* garante que há uma dimensão crítica da consciência e nos desloca do comportamento instintivo, não mediado, do tipo estímulo-resposta, dos outros animais, para a construção de significados para a atividade mediada, para a construção da cultura. Para Freire, teoria é o correlato pedagógico de consciência crítica; não é inculcada, mas sim desenvolvida e formulada como uma atividade essencial de toda aprendizagem.

A linguagem assegura também o poder da conjuntura: por podermos nomear o mundo e, assim, tê-lo dentro da mente, podemos refletir sobre seu significado e imaginar um mundo mudado. A linguagem é o meio para atingir uma consciência crítica, a qual, por sua vez, é o meio de imaginar uma mudança e de fazer opções para realizar transformações ulteriores. Assim, nomear o mundo transforma a realidade, de "coisas" no momento presente, em atividades como reação a situações e processos; em *tornar-se*. O ensino da linguagem no contexto de "habilidades de sobrevivência" está mais à frente do que o treino com livro de exercícios, porém não completa a libertação. A libertação só vem quando as pessoas cultivam sua linguagem e, com ela, o poder de conjetura, a imaginação de um mundo diferente a que se deve dar forma.

No cerne da pedagogia do saber de Paulo Freire encontra-se a ideia de que nomear o mundo torna-se um modelo para transformar o mundo. A educação não substitui a ação política, mas lhe é indispensável devido ao papel que desempenha no desenvolvimento da consciência crítica. Isso, por sua vez, depende do poder transformador da linguagem. Ao nomear o mundo, pede-se às pessoas dos Círculos de Cultura de Freire que façam um levantamento de suas roças e aldeias e que coletem os nomes de ferramentas, lugares e atividades que sejam de importância fundamental em suas vidas. Essas "palavras geradoras" são, a seguir, organizadas em "fichas de descoberta", uma espécie de quadro de vogais, um gerador de léxico feito por cada qual. Algumas das palavras que ele produz são sem sentido; outras são reconhecíveis. O ponto essencial é que o som e a letra (forma) se emparelham entre si apresentando significado ou a possibilidade de significado. O significado está ali desde o começo, o que certamente não se dá com os dois métodos concorrentes para ensinar a ler preferidos pelos educadores norte-americanos — o fonético e o global. O *codifica* e a *codificação* — correspondentes a *o-que-se-diz* e a *o-que-se-quer-dizer* — são aprendidos correlata e simultaneamente. *Decodificar* — aprender a relação entre letras e sons — caminha lado a lado com a *decodificação*, ou interpretação. Assim, o significado está presente desde o início à medida que os educandos "problematizam o existencial". Em desenhos de um caçador primitivo, ou de uma cozinha pobre, ou em reação a uma vasilha de água, ou outras codificações, eles nomeiam o que veem e o de que se lembram, identificando e interpretando o significado do que veem.

Paulo Freire afirma que procurar eliminar a crença supersticiosa simplesmente ridicularizando o pensamento mágico não só é impossível como contraproducente. O pensamento pré-crítico é, ainda assim, pensamento; não deve ser simplesmente rejeitado, mas pode e deve ser transformado. A tarefa fundamental do "processo de alfabetização de adultos como ação cultural para a liberdade" é prover os meios para essa transformação. O camponês — ou qualquer educando que sofra a opressão da superstição, seja ela de ideologia religiosa ou de ideologia da Guerra Fria, de liberalismo doutrinário ou de qualquer das múltiplas formas de pensamento totalitário — só pode libertar-se mediante o desenvolvimento de uma consciência crítica.

Freire rejeita o conceito bancário de educação (o professor faz depósitos que rendem juros e correção monetária). A nutrição é outra metáfora: "Coma isto. Faz bem a você!" Freire cita a saudação zombeteira de Sartre — *O! philosophie alimentaire!* Em vez da educação como doação — doar aos alunos ideias valiosas que queremos partilhar —, deve haver um diálogo, um intercâmbio dialético, no qual as ideias tomam forma e mudam à medida que os educandos do Círculo de Cultura pensam sobre o próprio pensamento e interpretam as próprias interpretações. A dicotomia entre "o afetivo" e "o cognitivo", tão importante na teoria educacional norte-americana, não tem papel algum na pedagogia de Freire. Ele vê o pensamento e o sentimento, juntamente com a ação, como aspectos de tudo quanto fazemos ao entender o sentido do mundo.

Uma das coisas notáveis a respeito de Paulo Freire é que ele torna acessíveis essas ideias sobre o poder gerador da linguagem e sobre o papel da consciência crítica — e elas não ficam nem lugares-comuns nem simplórias. Ele é um mestre do aforismo e daquilo que Kenneth Burke chama de "relato representativo", uma história que sugere algo para além dela mesma, como uma metáfora. Ele previne contra a utilização de *slogans*, mas motes e máximas são algo mais — e Freire é um admirável construtor de frases.

Não se deve pensar que ler Freire seja um exercício de reconhecimento de ideias já aceitas. Mesmo quando está expondo ideias convencionais, a significação se aprimora à medida que ele desenvolve contextos e extrai implicações. Paulo Freire não é somente um admirável teórico; é um dos grandes professores deste século.

Neste livro, aparecem novamente os princípios da consciência crítica e da pedagogia do saber: são redescobertos, reexaminados, reavaliados, reinventados. *Recognição* e *reinvenção*, ambos de importância fundamental na teoria e na prática, ressoam por todas as páginas deste livro. A recognição impõe uma consciência crítica ativa por meio da qual se apreendem as analogias e disanalogias e todos os demais atos da mente são executados, aqueles atos de nomear e de definir, por meio dos quais construímos o significado. Na verdade, faz sentido dizer que a cognição é dependente da recognição, porque nunca *vemos*, simplesmente: vemos *como, em termos de, com respeito a, à luz de*. Todas essas expressões assinalam os propósitos e os embaraços que constituem as fronteiras do "discurso" no uso corrente.[4] O conceito de recognição é um conceito *com* o qual e a respeito do qual

---

[4] Coloquei *discurso* entre aspas, não por julgar que seja irreal ou superficial, mas como um modo de assinalar o caráter problemático do termo. Em trabalhos literários, *discurso* é algo não específico; além disso, um *discurso* poético é "não discursivo", no sentido de que suas abstrações assumem forma diferente das encontradas na argumentação ou em outros tipos de exposição. Em sociolinguística, *discurso* é geralmente definido em termos de sua relação com o trabalho ("produção"). Em psicolinguística, é o objeto de análise estilística, com pretensões a uma significação mais ampla.
O uso descuidado dos termos contribui para institucionalizar um pseudoconceito, no sentido de Vygotsky. É especialmente perigoso, na medida em que pode parecer legitimar as vagas concepções de "relatividade linguística" de B. L. Whorf. O que é fundamental não esquecer é que *discurso* não é sinônimo de *linguagem*, e que ele é construído e moldado pela cultura, como não o é a estrutura formal da linguagem. Estendi-me a respeito desse tema em "Sapir e as duas tarefas da linguagem", a sair brevemente em *Semiotica*.

devemos pensar. Um dos relatos representativos de Paulo Freire ilustra de que modo:

> [...] visitamos um Círculo de Cultura de uma pequena comunidade pesqueira chamada Monte Mário. Eles tinham como uma das palavras geradoras o termo *bonito*, nome de um peixe, e, como codificação, um expressivo desenho do pequeno povoado, com sua vegetação, casas típicas, barcos pesqueiros no mar e um pescador segurando um bonito. Os aprendizes olhavam para essa codificação em silêncio. De repente, quatro deles se levantaram, como se tivessem combinado antes, e se dirigiam para a parede em que estava pendurada a codificação. Olharam atentamente para a codificação bem de perto. Depois, foram para a janela e olharam para fora. Entreolharam-se como se estivessem surpresos e, olhando novamente para a codificação, disseram: "Isto é Monte Mário, Monte Mário é como isto, e nós não sabíamos."

Eis aí uma representação do ato fundamental da mente — a *recognição*. O comentário de Freire sobre esse relato representativo é que a codificação permitiu que os participantes do Círculo de Cultura "conseguissem alguma distância em relação ao próximo mundo e começaram a reconhecê-lo". Essa interpretação do significado da história prepara-nos para reconhecer, ademais, que ela representa a dialética essencial de toda investigação científica; mostra-nos como a concepção modela a formação de conceitos; como olhar e olhar novamente é a própria forma e configuração da exploração criativa e do pensamento crítico; como a observação é o ponto de partida indispensável para a pedagogia do saber.

Na verdade, essa história é uma parábola dos caminhos do olho da mente, da imaginação: enquanto a imaginação não for proclamada um direito nato do homem, não será concebível qualquer libertação. A história é, assim, uma parábola da pedagogia do saber.

Recognição, por parte do professor, implica o reconhecimento daquilo que o educando sabe e respeito por esse conhecimento; requer também avaliação. Freire tem muito claro que ser "não julgativo" é uma virtude retórica e não uma opção lógica. Devemos respeitar a pluralidade de vozes, a variedade de discursos e, naturalmente, linguagens diferentes: devemos ter tato, mas uma atitude neutra é impossível. Freire assinala que, por definição, toda atividade humana é intencional e tem, por isso, uma direção. Um professor que não se empenhe em permitir que essa direção seja apreendida e que não entre em ação dialógica para examiná-la estará recusando-se à "tarefa pedagógica, política e epistemológica de assumir o papel de sujeito dessa prática diretiva". Os professores que dizem "Respeito os alunos e não sou diretivo; e como são indivíduos que merecem respeito, devem determinar sua própria direção" acabam por ajudar a estrutura de poder.

Esse ponto é muito importante quando chega à reinvenção, a qual, juntamente com a recognição, é o tema principal deste livro. Avaliação, direção, recognição e articulação de propósitos não constituem intervenções, nem são, por si mesmas, autoritárias. A principal reinvenção que os professores radicais devem vez por outra se propor é precisamente diferenciar autoridade de autoritarismo e saber como encontrar isso em todos os "discursos", em todas as construções de significado. *Respeito* é o correlato de recognição, e a expressão disso por Paulo é sempre animadora e nunca repetitiva ou sentimental. "A reinvenção", diz ele, no capítulo 7, "exige, do sujeito que reinventa, uma abordagem crítica da prática e da experiência a ser reinventada". *Crítica*, para Freire, significa sempre interpretar a própria interpretação, repensar os contextos, desenvolver múltiplas definições e tolerar ambiguidades, de modo que se possa aprender a partir da tentativa de resolvê-las. E significa a mais cuidadosa atenção ao nomear o mundo. Todo "discurso" tem embutida em si, em certo grau, a história de seus propósitos, mas Freire nos lembra seguidamente, também, de seu caráter heurístico (gerador): nós podemos perguntar "E se...?" e "Como seria se...?". Representando, assim, o poder de conjetura, a linguagem oferece o modelo de transformação social. Quando Freire escreve, no capítulo 3, que "a reinvenção da sociedade [...] exige a reinvenção do poder", o que quer dizer, creio, é que a reinvenção é o trabalho da mente ativa; é um ato de conhecimento pelo qual reinventamos nosso "discurso". Freire nunca se deixa levar por sonhos utópicos. Seus sonhos são construídos por uma imaginação crítica e inventiva, exercida — praticada — no diálogo, na nomeação e renomeação do mundo, o que orienta sua reconstrução.

Um modo de manter-se alerta para a significação das distinções sobre que insiste Paulo Freire é pensar sobre elas em trios. Em *Ação cultural para a liberdade*, ele justapõe a Igreja tradicional e a Igreja liberal, modernizante, a "outra linha da Igreja [...] tão velha quanto o cristianismo mesmo —

a profética". Essa tríade — *tradicional/liberal modernizante/ profética* — pode servir como paradigma das dispostas dialeticamente neste livro: *autoritarismo/domesticação/mobilização*; atitudes que são *ingênuas/astutas/críticas*; e pedagogias que são *burguesas autoritárias positivistas*/laissez-faire/*radicalmente democráticas*. Mais estimulante é outra tríade com um termo médio duplo: as atitudes pedagógicas caracterizadas por *neutralidade/manipulação ou espontaneidade/ práxis política*. Metade das controvérsias que campeiam na educação podia ter um fim, se se pudesse desenvolver uma consciência crítica da significação daquele "ou".

Cada um dos capítulos deste livro contribui para nossa compreensão de o que se vincula às opções que fazemos entre essas tríades. Os que já conhecem a obra de Freire provavelmente considerarão o capítulo 5 de maior interesse, pois ali ele discute a crítica a seu trabalho em Guiné-Bissau, especialmente a acusação de que foi "populista". "Refletirei sobre reflexões passadas", escreve Freire, e prossegue com uma análise penetrante de o que se pode exigir de um processo de alfabetização emancipadora numa sociedade com múltiplos discursos e duas línguas concorrentes. Capítulo que todos os leitores julgarão imediatamente esclarecedor, bem como inteiramente encantador, é o primeiro, "A importância do ato de ler". Há mais sabedoria nessas poucas páginas sobre "a leitura do mundo, a leitura da palavra" do que na avalanche de chamadas pesquisas de psicolinguistas e de agentes de instrução programada, para não falar nos teóricos retóricos, que ainda não podem se resolver a falar de *significar*, *conhecer* e *dizer*, embora se refiram cuidadosamente a "espaço de conteúdo" e "espaço retórico"! Os pesquisadores positivistas que se dedicam a estudar a alfabetização com conceitos "mecanicistas" de linguagem concluíram que ler a palavra e escrever a palavra não têm qualquer efeito sobre a capacidade cognitiva. Minha opinião pessoal é que eles são insuperavelmente ignorantes; mas para os que acharam irresistíveis essas pesquisas, dedicar uma tarde ao estudo da concepção de Freire de *escrever* como uma forma de *transformar o mundo* seria certamente salutar e poderia ser profilático.

Três dos capítulos estão na forma de diálogo, e suponho que, para alguns leitores, serão de difícil leitura. Creio que os acadêmicos norte-americanos — particularmente em ciências sociais — consideram o discurso falado (conversa!) uma forma estranha. Paulo e Donaldo escutam um ao outro. Cada um dá retorno ao outro, dizendo (e realmente querendo dizer) "Ouço o que você está dizendo e parece-me ser...". E eles prosseguem, monotonamente talvez, para um leitor impaciente, não porém para quem possa imaginar o cenário bucólico adequado, ou o café, onde se poderia escutar essa troca de ideias que vai e vem desordenadamente, mas intensamente dialógica. Tais leitores terão a sensação de que podem intrometer-se, discordar ou interromper com observações à margem. Podem tornar-se parceiros virtuais do diálogo, refletindo sobre suas próprias reflexões.

Minha experiência pessoal ao ouvir casualmente conversas em Cambridge, Massachusetts, e em universidades por todo o país, é que os acadêmicos norte-americanos sempre dizem "Como eu estava dizendo..."; isto, decodificado, significa: "Você me interrompeu!" Diálogos não dialéticos desse tipo reproduzem-se em nossos congressos e reuniões acadêmicas, onde nos deixamos esmagar pela arquitetura, controlar pela estrutura das salas de reunião e pelo programa estabelecido pelo grupo organizador. (Dois mil pratos sendo empilhados do outro lado de um tabique tornam o encontro entre duas pessoas que tentam nomear o mundo uma operação muito difícil.) Se a administração do hotel não permite que se desloquem as cadeiras para formar um círculo ou se pretendem cobrar trinta e cinco dólares por cada microfone extra, por que não ameaçamos realizar nossa convenção do lado de fora? Algumas coisas estão mais sob nosso controle imediato: por que é que o gênero preferido nas convenções é a preleção? Não deveríamos dar uma solução ao evidente paradoxo de uma *preleção* a respeito da *ação dialógica*? As preleções estão fora de moda: por que nos apegamos a elas em nossas salas de aula e em nossos congressos? A preleção é uma antiga invenção medieval devida ao fato de que os livros eram escassos. A preleção [em inglês, *lecture*] era originalmente uma leitura (*lectito, lectere*); alguém lendo em voz alta tornava um único livro acessível a muitos. Por que terá isso sobrevivido entre os letrados da era pós-Gutenberg? Não há dúvida alguma de que a preleção está exigindo reinvenção.

Precisamos de novos modelos para os congressos, e isso bem podia ser uma das dádivas de Paulo Freire para nós: ajudar-nos a imaginar as formas que poderiam ter nossos congressos. Apresentamos a seguir alguns procedimentos que poderiam ser seguidos sem qualquer transformação muito grande.

1. Verdadeiras discussões sob a forma de painel são possíveis, se se puder desmontar o atril (lat. *lectorille*, via esp. *latril*). Três apresentações curtas (de dez minutos), seguidas de uma réplica informal de outros três participantes, que a seguir teriam sua vez.[5]

2. Uma variante poderia ser três participantes falarem em sequência sobre um único tema (espontaneidade ensaiada é melhor), com perguntas do público, antes que passassem ao tema seguinte.

3. Um painel desse tipo — na verdade, uma conversa formalizada — pode ser seguido de um período de dez minutos durante o qual o público é convidado a manifestar-se *por escrito*. Colhem-se essas intervenções, faz-se uma seleção e, com o auxílio de equipamento de processamento de dados, elas são postas ao dispor dos participantes no dia seguinte. Esse procedimento — chamado de *inkshedding* por seus inventores, Russ Hunt e Jim Reither[6] — desloca o diálogo virtual na direção do diálogo real, criando redes de relações ao longo do caminho. A tecnologia permite-nos reinventar Monte Mário.

4. Os cientistas puseram em prática "apresentações com cartazes" em suas convenções: são codificações das pesquisas em andamento. Um problema cuidadosamente formulado é seguido

---

[5] Ann Berthoff, Angela Dorenkamp e Jean Lind-Brenkman seguiram esse formato no Congresso sobre Composição e Comunicação em Nível de *College* (1980). O tema do painel era "As implicações políticas da pesquisa sobre composição".

[6] James Reither (Departamento de Inglês, Universidade St. Thomas, Fredericton, Nova Brunswick, E3B 5G3, Canadá) é o diretor responsável do *Inkshed*, boletim informativo que pretende "intensificar as relações entre pesquisa, teoria e prática relativas a linguagem, aquisição de linguagem e uso da linguagem". *Inkshed* é mantido pela Universidade de St. Thomas e por contribuição voluntária de assinantes.

de uma explicação convincente sobre um procedimento experimental e de uma exposição dos resultados. Diagramas, gráficos e outros "recursos visuais" mostram o necessário. O cientista cujo trabalho é apresentado fica à disposição para, alternadamente, "ler" o cartaz e responder a perguntas. Por que ainda não fizemos isso? Por que não há poetas em instituições patrocinadas e pelo Instituto Nacional de Educação? Quem melhor do que eles para desenvolver os símbolos e narrativas para servir como codificações e relatos representativos?

Uma pedagogia inquieta significa que devemos entornar o caldo. O modo mais simples de começar a fazê-lo seria problematizar o formato e a função de nossos encontros profissionais. Eis um exemplo. Um admirador e discípulo íntimo de Paulo Freire foi convidado como consultor de um encontro sobre alfabetização. Ele e um colega seu escutaram os professores (na maioria, negros) durante o dia todo, enquanto eles explicavam detalhadamente os padrões que eram obrigados a obedecer, os currículos que deviam planejar, os testes que tinham que aplicar. Quando questionados, ou se recusavam a reconhecer o caráter opressivo e irracional dessas estruturas ou declaravam sua impotência: *"Eles* dizem que devemos fazer assim." Naquela noite, o consultor consultou seu colega consultor; puderam discernir um modelo: os "eles" que insistiam quanto aos padrões a serem mantidos eram em sua maioria negros; "eles" insistiam em que os professores negros (na maioria) continuassem a experimentar procedimentos com escrúpulo, se não com entusiasmo. Com uma consciência que se tornara crítica pelo exame cuidadoso dos procedimentos até aquele ponto, o consultor dirigiu-se ao telefone e começou a ligar para os superintendentes: de onde veio *essa* ideia sobre a aquisição de uma segunda língua? Quem é a fonte principal para *essa* teoria? Quem afirma que *esses* são os únicos caminhos? A seguir, o consultor começou uma segunda rodada de telefonemas a essas fontes — linguistas famosos, professores famosos (alguns com quem ele havia estudado) e teóricos famosos. Devem ter sido, talvez, "telefonemas de consulta", mas em todo caso naquela tarde ele pôde relatar textualmente o que haviam dito os especialistas: "Não, não foi isso que eu quis dizer. Não, isso é uma interpretação equivocada de minha pesquisa. Não, jamais a utilização desse teste foi prevista para esse fim. Não, as implicações não são essas." Assim, libertados do erro de interpretação da teoria, os participantes da reunião puderam deslocar-se da solução de problemas (como podemos tornar mais elevados os resultados dos testes?) para a proposição de problemas (se se pode definir dessa maneira o papel da escrita, qual seria a consequência para o planejamento do currículo?). O freirista conseguira transformar o congresso num Círculo de Cultura. Encontrara maneiras de fazer com que os participantes olhassem e olhassem novamente para as próprias teoria e prática, até que estivessem livres para inventar novas pedagogias.

Paulo Freire tem a ousadia de acreditar que os professores devem aprender com seus alunos pelo diálogo. Sua prática é imaginativa, inventiva, reinventiva e inteiramente pragmática. Paulo Freire é um dos verdadeiros herdeiros de William James e de C. S. Peirce. Ele nos diz: "O modo como funciona sua teoria e o que ela faz mudar lhe dirá melhor o que é a sua teoria." Ele quer que consideremos o valor de uma ideia perguntando o quanto ela importa. Quer que pensemos sobre a dialética dos fins e meios, sobre os mistérios do desespero e da esperança. E ele nos estimula a não adiar a mudança para algum momento propício; a não sermos perdulários em levarmos as pessoas a estar prontas para mudar, prontas para aprender, prontas para a educação, mas, em vez disso, a reconhecermos que "a prontidão é tudo". Ele me faz lembrar de A. J. Muste, o pacifista que tanto irritou Reinhold Niebuhr. Muste costumava dizer: "Não há caminho algum para a Paz; a Paz é o caminho." Creio que Paulo nos está dizendo: "Não há caminho algum para a transformação; a transformação é o caminho." Isto não é mistificação, não é um paradoxo de espírito que devemos resolver: é, sim, uma dialética que devemos fazer cumprir.

Ann E. Berthoff
Concord, Massachusetts

Carta aos leitores

Não gostaria que este livro chegasse às suas mãos sem umas poucas palavras minhas, com as quais pretendo algumas explicações necessárias.

Seis anos atrás, o *Journal of Education* da Universidade de Boston, EUA, publicou um artigo meu, "A importância do ato de ler". Somado a dois outros, aquele artigo dera origem a um pequeno livro publicado pela Cortez, com o mesmo título, em 1982. O pequeno livro da Cortez, com três artigos que se completam, discute aspectos gerais do ato de ler, fala da alfabetização e bibliotecas populares e se detém na experiência de alfabetização de São Tomé e Príncipe, na África, de que participei na etapa derradeira de meu exílio. Parte deste último artigo se fixa na análise dos materiais usados no esforço de alfabetização de São Tomé e Príncipe.

No começo de 1986, uma editora norte-americana, que havia antes publicado outro livro meu, se interessou em traduzir "A importância do ato de ler". Propus, então, ao editor da casa publicadora, juntar aos três ensaios constitutivos do livro a ser traduzido ao inglês a colaboração de Donaldo Macedo, professor de psicolinguística da Universidade de Massachusetts no campus de Boston, excelente intelectual, rigoroso e sensível. A colaboração de Macedo se daria, como de fato se deu, através de trabalhos seus no campo da linguagem e da alfabetização e na produção de capítulos dialógicos comigo, em que discutiríamos uma gama de temas ligados à linguagem, à cultura e ao comando da escrita e da leitura.

Assim, o que no Brasil havia sido um livro meu, nos Estados Unidos passou a ser um livro meu e de Donaldo Macedo e veio a público em 1987 sob o título de *Literacy: Reading The Word and The World*. Mais ainda, veio a público trazendo como rosto a análise de dois entre os melhores intelectuais norte-americanos que hoje se entregam criticamente à compreensão de uma pedagogia radical: Henry Giroux e Ann E. Berthoff.

Agora, *Literacy: Reading the Word and the World* chega ao Brasil. E chega por sugestão de Giroux e de Macedo. Foram eles que, numa das conversas que costumávamos prolongadamente entreter, quando nos encontramos sem tempo marcado para nos despedir e em que mutuamente nos ensinamos, me convenceram a tentar sua publicação no Brasil. Mas chega ao Brasil obviamente sem os três ensaios que, aqui, constituíram *A importância do ato de ler*. Assim, as referências que Berthoff e Giroux fazem, em seus ensaios, a um ou outro passo deste ou daquele texto de *A importância do ato de ler* só poderão ser cotejadas se o leitor curioso consultar a publicação da Cortez.

Há algo ainda a que gostaria de me referir. Ao ler e reler a excelente tradução feita pelo professor Lólio Lourenço de Oliveira, resolvi alterar, para maior clareza, passagens de minha — e somente minha — participação em alguns dos diálogos com Macedo. Em essência, porém, os diálogos continuam os mesmos que compõem o original norte-americano.

Paulo Freire
São Paulo, maio de 1990

Introdução

Alfabetização e a pedagogia do *empowerment* político

A cada momento em que, de um modo ou de outro, a questão da língua passa para o primeiro plano, isso significa que uma série de outros problemas está prestes a surgir, a formação e a ampliação da classe dominante, a necessidade de estabelecer relações mais "íntimas" e seguras entre os grupos dominantes e as massas populares nacionais, ou seja, a reorganização da hegemonia cultural.[7]

Essas observações, feitas na primeira metade do século XX pelo teórico social italiano Antonio Gramsci, parecem estranhamente discordantes da linguagem e das aspirações que envolvem o debate conservador e liberal de hoje a respeito da escolaridade e do "problema" da alfabetização. De fato, as observações de Gramsci parecem tanto politizar a noção de alfabetização quanto, ao mesmo tempo, dotá-la de um significado ideológico que sugere que ela pode ter menos a ver com a tarefa de ensinar as pessoas a ler e a escrever do que com a produção e a legitimação de relações sociais

---

[7] Antonio Gramsci, apud James Donald, "Language, Literacy, and Schooling", in *The State and Popular Culture*. Milton Keynes: Open University, U203 Popular Culture Unit, 1982, p. 44. Com referência às observações de Gramsci sobre a linguagem, cf. Antonio Gramsci, *The Modern Prince and Other Writings*, traduzido por Louis Marks. Nova York: New World Paperbacks, 1957, *passim*; *Selections from the Prison Notebooks*, organizado e traduzido por Q. Hoare e G. Nowell Smith. Nova York: International Publishers, 1971; e *Letters from Prison*. Londres: Jonathan Cape, 1975.

opressivas e exploradoras. Mestre da dialética, Gramsci encarou a alfabetização como um conceito e como uma prática social que devem estar historicamente vinculados, por um lado, a configurações de conhecimento e de poder e, por outro, à luta política e cultural pela linguagem e pela experiência. Para Gramsci, a alfabetização era uma faca de dois gumes; podia ser brandida em favor do *empowerment* individual e social, ou para a perpetuação de relações de repressão e de dominação. Sendo a alfabetização crítica um campo de luta, Gramsci considerava que se deveria lutar por ela, tanto como um construto ideológico, quanto como um movimento social. Como ideologia, a alfabetização devia ser encarada como uma construção social que está sempre implícita na organização da visão de história do indivíduo, o presente e o futuro; além disso, a noção de alfabetização precisava alicerçar-se num projeto ético e político que dignificasse e ampliasse as possibilidades de vida e de liberdade humanas. Em outras palavras, a alfabetização, como construto radical, devia radicar-se em um espírito de crítica e num projeto de possibilidade que permitisse às pessoas participarem da compreensão e da transformação de sua sociedade. Como domínio de habilidades específicas e de formas particulares de conhecimento, a alfabetização devia tornar-se uma precondição da emancipação social e cultural.

Como movimento social, a alfabetização estava presa às condições materiais e políticas necessárias para desenvolver e organizar os professores, os agentes comunitários e outros, dentro e fora das escolas. Isso era parte de uma luta maior pelas ordens de conhecimento, valores e práticas sociais que deveriam, necessariamente, prevalecer para que a luta pela instauração de instituições democráticas e de uma sociedade democrática tivesse êxito. Para Gramsci, a alfabetização tornou-se um referente e uma modalidade de crítica para o desenvolvimento de formas de educação contra-hegemônicas em torno do projeto político de criar uma sociedade de intelectuais (no sentido mais amplo do termo) que pudesse captar a importância de desenvolver esferas públicas democráticas como parte da luta da vida moderna no combate à dominação, bem como tomar parte ativa na luta pela criação das condições necessárias para tornar as pessoas letradas, para dar-lhes uma voz tanto para dar forma à própria sociedade, quanto para governá-la.

Exceto Paulo Freire, é difícil, na atual conjuntura histórica, identificar quaisquer posições teóricas ou movimentos sociais de maior importância que afirmem e ampliem a tradição de uma alfabetização crítica desenvolvida à maneira de teóricos radicais como Gramsci, Mikhail Bakhtin e outros.[8] Nos Estados Unidos, a linguagem da alfabetização vincula-se quase que exclusivamente a formas populares do discurso liberal e de direita, que a reduzem, ou a uma perspectiva funcional ligada a interesses econômicos concebidos de maneira acanhada, ou a uma ideologia destinada a iniciar os pobres, os desprivilegiados e as minorias na lógica de uma tradição cultural unitária e dominante. No

---

[8] Cf., por exemplo, Paulo Freire, *Pedagogia do oprimido*. Nova York: Seabury Press, 1970 [48ª edição, São Paulo: Paz e Terra, 2011]; Id., *Educação como prática da liberdade*. Rio de Janeiro: Paz e Terra, 1967 [33ª edição, São Paulo: Paz e Terra, 2011]; Id., *Ação cultural para a liberdade e outros escritos*; Mikhail Bakhtin, *The Dialogical Imagination*, traduzido por Caryl Emerson e Michael Holquist. Austin: University of Texas, 1981; V. N. Volosinov [M. M. Bakhtin], *Marxism and the Philosophy of Language*. Nova York: Seminar Press, 1973; e Id., *Freudianism: A Marxist Critique*. Nova York: Academic Press, 1976.

primeiro caso, a crise da alfabetização baseia-se na necessidade de formar mais trabalhadores para ocupações que exigem leitura "funcional" e habilidade para escrever. Os interesses políticos conservadores que estruturam essa posição estão evidentes na influência de grupos empresariais e outros sobre as escolas para que desenvolvam currículos mais estreitamente afinados com o mercado de trabalho, currículos que assumirão orientação firmemente profissional e, ao fazê-lo, reduzirão a necessidade de as empresas promoverem treinamento em serviço.[9] No segundo caso, a alfabetização torna-se o veículo ideológico mediante o qual a escolaridade é legitimada como local para o desenvolvimento do caráter; neste caso, a alfabetização está associada à transmissão e ao domínio de uma tradição ocidental unitária, baseada nas virtudes do trabalho perseverante, da diligência, do respeito à família, da autoridade institucional e de um indiscutível respeito pela nação. Em suma, a alfabetização se torna uma pedagogia do chauvinismo revestida pelo jargão dos Grandes Livros.

No interior desse discurso dominante, o *analfabetismo* não é meramente a incapacidade de ler e escrever; é também um indicador cultural para nomear formas de diferença dentro da lógica da teoria da privação cultural. O importante aqui é que a noção de privação cultural é usada para designar, no sentido negativo, formas de moeda cultural que

---

[9] Para uma declaração clássica de defesa dessa posição, cf. Comitê de Pesquisa e Política do Comitê para o Desenvolvimento Econômico, *Investing in Our Children: Business and the Public School*. Nova York: Commitee for Economic Development, 1985. Uma crítica a essa posição pode ser encontrada em Stanley Aronowitz e Henry A. Giroux, *Education under Siege*. South Hadley, Massachusetts: Bergin and Garvey, 1985.

se apresentam como perturbadoramente incomuns e ameaçadoras quando avaliadas pelo padrão ideológico da cultura dominante relativo ao que deve ser valorizado como história, competência linguística, experiência de vida e padrões de vida em sociedade.[10] A importância de desenvolver uma política de diferenças nesta perspectiva raramente é virtude ou atributo positivo de vida pública; na verdade, a diferença coloca-se frequentemente como deficiência e é parte da mesma lógica que define o outro, dentro do discurso da privação cultural. Ambas essas tendências ideológicas despojam a alfabetização das obrigações éticas e políticas da razão especulativa e da democracia radical a submetem aos imperativos políticos e pedagógicos da conformidade social e da dominação. Em ambos os casos, a alfabetização representa um afastamento do pensamento crítico e da política emancipadora. Stanley Aronowitz captou tanto os interesses em jogo na formação do discurso atual sobre alfabetização, quanto os problemas que ele reproduz. Ele escreveu:

> Quando os Estados Unidos estão em dificuldades apelam para suas escolas. [...] Os empregadores querem um sistema

---

[10] Isso não está particularmente evidente no discurso dos teóricos da privação cultural da nova direita, como Nathan Glazer, mas é também assunto da política federal de educação. Por exemplo, o Ministro da Educação, William Bennett, abertamente contrário ao bilinguismo, manifesta uma posição que é menos um ataque contra a política das minorias linguísticas *per se* do que contra o papel que a educação pode desempenhar no *empowerment* das minorias pela dignificação das respectivas culturas e experiências. Interessante divulgação desse tema encontra-se em James Crawford, "Bilingual Educators Discuss Politics of Education". *Education Week*, 19/11/1986, pp. 15-6. Para um tratamento mais teórico, cf. James Cummins, "Empoweing Minority Students: A Framework for Intervention". *Harvard Educational Review*, 56, fevereiro de 1986, pp. 18-36.

educacional estreitamente afinado com o mercado de trabalho, sistema que adapte o currículo a suas necessidades em transformação e lhes permita economizar dinheiro em treinamento. Os humanistas insistem no sagrado dever das escolas de reproduzir "a civilização como a conhecemos" — valores ocidentais, cultura literária e o ceticismo do etos científico. [...] Atualmente, os neoconservadores se apropriaram do conceito de excelência, definindo-o como habilidades básicas, formação técnica e disciplina em sala de aula. As escolas estão se aninhando nos braços das empresas e, no local de qualquer ideia sensata de alfabetização, colocando algo a que chamam de "alfabetização para o computador". Nos programas existentes de alfabetização de adultos, os materiais e métodos utilizados refletem uma abordagem tipo "a ideologia acabou" que não consegue estimular os alunos, e — juntamente com as tensões da vida quotidiana — resultam habitualmente em taxas maciças de evasão, "provando" uma vez mais que a maioria dos analfabetos não aprenderá, nem mesmo quando o dinheiro do governo seja "posto" neles. [...] Poucos deles estão dispostos a falar a linguagem tradicional do humanismo educacional ou a lutar pela ideia de que uma educação geral é a base da alfabetização crítica. Desde o colapso dos movimentos dos anos 1960, os progressistas aderiram aos conservadores, enquanto os radicais, com raras exceções, permanecem calados.[11]

Enquanto a alfabetização tem sido encarada como importante campo de luta para os conservadores e liberais, apenas marginalmente tem sido adotada pelos teóricos educacionais

---

[11] Stanley Aronowitz, "Why Should Johnny Read?". *The Village Voice Literary Supplement*, maio de 1985, p. 13.

radicais.[12] Nos casos em que tem sido incorporada como aspecto essencial de uma pedagogia radical, ela é gravemente subteorizada, e, embora manifestando a melhor das intenções, suas aplicações pedagógicas são muitas vezes condescendentes e teoricamente enganadoras. Neste caso, a alfabetização visa a prover as crianças oriundas da classe trabalhadora e de minorias com habilidades de leitura e escrita que os tornem funcionais e críticos dentro do ambiente escolar. Desta perspectiva, a alfabetização, mais do que nunca, está ligada a uma teoria do déficit de aprendizagem. A acusação é de que as escolas distribuem desigualmente determinadas habilidades e formas de conhecimento de modo a beneficiar os alunos de classe média em prejuízo dos de classe trabalhadora ou

---

[12] Como exceção quanto a isso, cf. os diversos artigos sobre política de alfabetização em *Humanities in Society* 4 (outono de 1981), editados por Donald Lazere. Cf. também Richard Ohmann, *English in America*. Cambridge e Oxford: Oxford University Press, 1976; Id., "Literacy, Technology, and Monopoly Capital". *College English*, 47, 1985, pp. 675-84; Valerie Miller, *Between Struggle and Hope: The Nicaraguan Literacy Crusade*. Boulder: Westview Press, 1985; Stanley Aronowitz, op. cit.; e James Donald, op cit. Para uma revisão da literatura conservadora, liberal e radical sobre alfabetização, cf. Henry A. Giroux, *Theory and Resistance in Education: A Pedagogy For Opposition*. South Hadley, Massachusetts: Bergin and Garvey, 1983; Linda Brodkey, "Tropics of Literacy". *Boston University Journal of Education*, 168, 1986, pp. 47-54; Rita Roth, "Schooling, Literacy Acquisition, and Cultural Transmission". *Boston University Journal of Education*, 166, 1984, pp. 291-308; e Ira Shor, *Culture Wars*. Nova York: Routledge and Kegan Paul, 1986. Uma excelente demonstração da relação existente entre uma teoria radical de alfabetização e a prática em sala de aula encontra-se em Alex McLeod, "Critical Literacy: Taking Control of Our Own Lives". *Language Arts*, 63, janeiro de 1986, pp. 37-50; e Shirley Heath, *Way with Words*. Nova York: McGraw Hill, 1983. Excelente revisão da literatura sobre alfabetização e ensino de leitura encontra-se em Patrick Shannon, "Reading Instruction and Social Class". *Language Arts*, 62, outubro de 1985, pp. 604-11; e para uma importante crítica de abordagem dominante da leitura e da alfabetização, baseada no uso dos *Basal Readers*, cf. Kenneth Goodman, "Basal Readers: A Call for Action". *Language Arts*, 63, abril de 1986, pp. 358-63.

de minorias. O que está em jogo aqui é uma visão da alfabetização impregnada de uma noção de equidade. A alfabetização torna-se uma forma de capital cultural privilegiado, e os grupos subalternos, afirma-se, merecem ter sua fatia na distribuição desse tipo de moeda cultural. As pedagogias que frequentemente acompanham essa visão da alfabetização enfatizam a necessidade de que as crianças de classe operária aprendam as habilidades de ler e escrever de que precisarão para serem bem-sucedidas nas escolas; ademais, sua cultura e sua experiência pessoais são muitas vezes consideradas antes como potência, do que como déficits a serem utilizados no desenvolvimento de uma pedagogia crítica da alfabetização. Infelizmente, as pedagogias que se desenvolveram com esse pressuposto geralmente não oferecem mais do que uma abordagem tipo folheto de publicidade dos modos de se utilizar a cultura da classe operária para o desenvolvimento de formas significativas de instrução.

Essa abordagem específica da alfabetização radical está teoricamente invalidada por inúmeras razões. Em primeiro lugar, deixa de encarar a cultura da classe trabalhadora como um campo de luta e de contradição. Segundo, sugere que os educadores que trabalham com grupos subalternos precisam familiarizar-se apenas com as histórias e as experiências de *seus* alunos. Não há indicação alguma de que a cultura que tais alunos trazem para as escolas esteja terrivelmente necessitada de exame e análise críticos. Em terceiro lugar, essa abordagem deixa de focalizar as implicações mais amplas da relação entre conhecimento e poder. Deixa de compreender que a alfabetização não se relaciona apenas com os pobres, ou com a incapacidade dos grupos subalternos de ler e escrever adequadamente; relaciona-se, também, de maneira fundamental, com formas de ignorância política e ideológica que funcionam como uma recusa em conhecer os limites e as consequências políticas da visão de mundo de cada um. Vista desse modo, a alfabetização como um processo é tão *disempowering* quanto opressiva. O importante a reconhecer aqui é a necessidade de reconstituir uma visão radical da alfabetização que gire em torno da importância de nomear e transformar as condições ideológicas e sociais que solapam a possibilidade de existirem formas de vida comunitária e pública organizadas em torno dos imperativos de uma democracia crítica. Este não é um problema associado apenas aos pobres ou aos grupos minoritários, mas também é problema para aqueles membros de classe média ou alta que se retiraram da vida pública para dentro de um mundo de absoluta privatização, pessimismo e ganância. Além disso, uma visão radicalmente restaurada da alfabetização precisaria fazer mais do que esclarecer o alcance e a natureza do significado do analfabetismo. Seria fundamental, também, desenvolver um discurso programático para a alfabetização como parte de um projeto político e de uma prática pedagógica que ofereça uma linguagem de esperança e de transformação dos que lutam no presente por um futuro melhor.[13]

Em minha opinião, o tema do desenvolvimento de uma teoria emancipadora da alfabetização, juntamente com uma correspondente pedagogia transformadora, adquiriu nova dimensão e maior significação no atual período de

---

[13] Admirável análise teórica da relação entre a obra de Freire e o discurso da esperança e da transformação encontra-se em Peter McLaren, "Postmodernity and the Death of Politics: A Brazilian Reprieve". *Educational Theory*, 36, 1986, pp. 389-401.

Guerra Fria. O desenvolvimento de uma política cultural da alfabetização e da pedagogia torna-se um ponto de partida importante para possibilitar que aqueles que têm sido silenciados ou marginalizados pelas escolas, pelos meios de comunicação de massa, pela indústria cultural e pela cultura televisiva exijam a autoria de suas próprias vidas. Uma teoria emancipadora da alfabetização indica a necessidade de desenvolver um discurso alternativo e uma leitura crítica de como a ideologia, a cultura e o poder atuam no interior das sociedades capitalistas tardias no sentido de limitar, desorganizar e marginalizar as experiências quotidianas mais críticas e radicais e as percepções de senso comum dos indivíduos. Está em discussão, aqui, o reconhecimento de que é preciso agarrar-se aos ganhos políticos e morais que têm sido conseguidos por professores e outros, e que por eles se deve lutar com renovado rigor intelectual e político. Para que isso se dê, os educadores e trabalhadores de esquerda, de todos os níveis da sociedade, precisam atribuir ao tema da alfabetização política e cultural a mais elevada das prioridades. Em outras palavras, para que venha a concretizar-se a alfabetização radical, o pedagógico deve tornar-se mais político e o político, mais pedagógico. Ou ainda, há uma necessidade terrível de desenvolver práticas pedagógicas, no primeiro caso, que reúnam os professores, pais e alunos em torno de visões da comunidade que sejam mais emancipadoras. Por outro lado, há necessidade de reconhecer que todos os aspectos da política fora das escolas representam também um determinado tipo de pedagogia, em que o conhecimento está sempre vinculado ao poder, e as práticas sociais são sempre encarnações de relações concretas entre seres humanos e tradições diversos, e que toda interação contém implicitamente visões a respeito do papel do cidadão e do objetivo da comunidade. A alfabetização, dentro dessa perspectiva mais ampla, não apenas *empowers* as pessoas mediante uma combinação de habilidades pedagógicas e de análise crítica, como também se torna um veículo para estudar de que modo definições culturais de gênero, raça, classe e subjetividade se constituem como construtos tanto históricos quanto sociais. Além disso, a alfabetização, neste caso, torna-se o mecanismo pedagógico e político fundamental mediante o qual instaurar as condições ideológicas e as práticas sociais necessárias para o desenvolvimento de movimentos sociais que reconheçam os imperativos de uma democracia radical e lutem por eles.

O MODELO FREIRIANO DE ALFABETIZAÇÃO EMANCIPADORA

Diante das considerações acima é que a obra anterior de Paulo Freire a respeito da alfabetização e pedagogia tem assumido significação teórica e política de crescente importância. Historicamente, Paulo Freire proporcionou um dos poucos modelos práticos e emancipadores sobre o qual se pode desenvolver uma filosofia radical da alfabetização e da pedagogia. Como se sabe e está amplamente documentado, ele tem se preocupado, no correr dos últimos vinte anos, com o tema da alfabetização como projeto político emancipador, e tem desenvolvido o conteúdo emancipador de suas ideias dentro de uma pedagogia concreta e prática.

Seu trabalho exerceu papel significativo no desenvolvimento de programas de alfabetização, não apenas no Brasil e na América Latina, como também na África e em programas isolados na Europa, na América do Norte e na Austrália. É essencial, na abordagem que Freire faz da alfabetização, uma relação dialética dos seres humanos com o mundo, por um lado, e com a linguagem e com a ação transformadora, por outro. Dentro dessa perspectiva, a alfabetização não é tratada meramente como uma habilidade técnica a ser adquirida, mas como fundamento necessário à ação cultural para a liberdade, aspecto essencial daquilo que significa ser um agente individual e socialmente constituído. Ainda da maior importância, a alfabetização para Freire é, inerentemente, um projeto político no qual homens e mulheres afirmam seu direito e sua responsabilidade não apenas de ler, compreender e transformar suas experiências pessoais, mas também de reconstituir sua relação com a sociedade mais ampla. Neste sentido, a alfabetização é fundamental para erguer agressivamente a voz de cada um como parte de um projeto mais amplo de possibilidade e de *empowerment*. Além disso, o tema alfabetização e poder não começa e termina com o processo de aprender a ler e escrever criticamente; ao contrário, começa com o fato da existência de cada um como parte de uma prática historicamente construída no interior de relações específicas do poder. Isto é, os seres humanos (como são os professores *tanto quanto* os alunos), dentro de determinadas formações sociais e culturais, são o ponto de partida para analisar, não apenas de que modo constroem ativamente suas experiências pessoais dentro das relações de poder vigentes, mas também de que modo a construção social dessas experiências lhes proporcionam a oportunidade de dar sentido e expressão a suas necessidades e vozes como parte de um projeto de *empowerment* individual e social. Assim, alfabetização para Freire é parte do processo pelo qual alguém se torna autocrítico a respeito da natureza historicamente construída de sua própria experiência. Ser capaz de nomear a própria experiência é parte do que significa "ler" o mundo e começar a compreender a natureza política dos limites *bem como* das possibilidades que caracterizam a sociedade mais ampla.[14]

Para Freire, a linguagem e o poder estão inextricavelmente entrelaçados e proporcionam uma dimensão fundamental da ação humana e da transformação social. A linguagem, como a define Freire, tem um papel ativo na construção da experiência e na organização e legitimação das práticas sociais disponíveis aos vários grupos da sociedade. A linguagem é o "verdadeiro recheio" da cultura e constitui tanto um terreno de dominação quanto um campo de possibilidade. A linguagem, nas palavras de Gramsci, era tanto hegemônica quanto contra-hegemônica, servindo de instrumento tanto para silenciar as vozes dos oprimidos quanto para legitimar as relações sociais opressivas.[15] Ao universalizar determinadas ideologias, procurava subordinar o mundo da ação e da luta humanas aos interesses dos grupos dominantes. Ao mesmo tempo, porém, a linguagem também era encarada como o terreno sobre o qual os desejos, aspirações, sonhos e

---

[14] Uma visão mais recente da teoria da alfabetização e política de Freire encontra-se em David Dillon, "Reading the World and Reading the Word: An Interview with Paulo Freire". *Language Arts*, 62, janeiro de 1985, pp. 15-21.
[15] Antonio Gramsci, *Selections from the Prison Notebooks*, organizado e traduzido por Q. Hoare e G. Nowell Smith. Nova York: International Publishers, 1971.

esperanças radicais ganhavam sentido pela incorporação do discurso da crítica e da possibilidade.

No sentido mais imediato, a natureza política da alfabetização é um tema fundamental nos primeiros escritos de Freire. Isso é evidente nas descrições vividas dos movimentos destinados a proporcionar às pessoas do Terceiro Mundo as condições para a crítica e para a ação social, quer para derrubar ditaduras fascistas, quer para utilizar em situações pós-revolucionárias, em que as pessoas estão engajadas no processo de reconstrução nacional. Em qualquer desses casos, a alfabetização torna-se sinal da libertação e da transformação destinadas a desativar a voz colonial e, em seguida, a desenvolver a voz coletiva do sofrimento e da afirmação silenciada sob o terror e a brutalidade de regimes despóticos.

Freire e Macedo e a alfabetização como uma leitura da palavra e do mundo

Neste novo livro, Paulo Freire e Donaldo Macedo não só fundamentam a obra anterior que Freire produziu sobre alfabetização, mas também, de maneira admirável, apresentam e aperfeiçoam as implicações que ela tem para uma política cultural mais abrangente e ampliam suas possibilidades teóricas para o maior desenvolvimento dos alicerces de uma pedagogia crítica. As vozes conjugadas de Freire e de Macedo proporcionam uma demonstração requintada da ideia de alfabetização crítica como um desdobramento da crítica e do compromisso mediante o processo do diálogo. Recorrendo a suas tradições e compromissos diversos na América Latina, na África e nos Estados Unidos, Freire e Macedo situam as noções de teoria e prática em um discurso que é, a uma só vez, histórico, teórico e radicalmente político. Não apenas cada um desses autores expõe sua própria opinião teórica e política, moldada por seus princípios políticos e pedagogia respectivos, como também cada um deles oferece ao outro um referente para o outro indagar e refletir mais profundamente sobre questões surgidas no correr dos últimos dez anos em torno do sentido e da significação de uma ideia radical de alfabetização baseada no modelo freiriano. A teoria e a prática caminham juntas neste livro, de modo que esses dois construtos são analisados como uma questão de definição e de aplicação; são também apresentados como uma forma de práxis radical no diálogo intensamente absorvente levado a cabo por Freire e Macedo. Há, por exemplo, uma tentativa de redefinir as interconexões entre alfabetização, cultura e educação, de examinar o tema da alfabetização nos Estados Unidos e de reconstruir e analisar criticamente o programa de alfabetização na Guiné-Bissau, à qual Freire deu assessoria e colaboração. No correr desses diálogos, a teoria se torna um ato de produzir significados e não meramente uma reiteração ou registro de posições teóricas anteriormente formuladas. Em consequência, surgem novas formulações e conexões teóricas fundamentais relativas à alfabetização, à política e ao *empowerment*.

Freire e Macedo também analisam e demonstram de que modo foi dada uma expressão política e pedagógica concreta à abordagem de Freire da alfabetização no currículo e nos materiais de alfabetização utilizados em São Tomé e Príncipe. Nesse diálogo, Freire responde, de maneira enérgica e clara, a algumas das críticas publicadas ultimamente com referência a seu trabalho na Guiné-Bissau. Essa réplica é proveitosa, pois ajuda a retificar o registro histórico sobre inúmeros temas importantes e porque mostra haver uma interação dialética entre os princípios normativos e políticos pessoais de Freire e as formulações e estratégias em que se engajou quando participava da campanha de alfabetização da Guiné-Bissau. Freire também surge aqui como um homem empenhado num diálogo crítico com suas próprias ideias, seus críticos e com as circunstâncias de diferentes lutas históricas. Em seu afã inteligente e sensível de envolver Freire numa discussão sobre a própria obra, Macedo arma, de maneira brilhante, o cenário para uma irresistível descoberta de Freire como ser humano e como revolucionário. O resultado disso não só nos proporciona uma compreensão mais ampla do significado da alfabetização e da educação como forma de política cultural, como também demonstra a importância de se ter uma voz que fala com dignidade, incorpora a linguagem da crítica e emprega um discurso de esperança e possibilidade.

Em vez de proporcionar, de maneira didática, uma visão geral dos pressupostos básicos que enformam este livro, pretendo abordá-lo de uma maneira coerente com seu próprio espírito crítico e transformador de encarar a alfabetização como um esforço para ler o texto e o mundo dialeticamente. Ao fazê-lo, quero situar o texto de Freire e Macedo dentro de um quadro teórico que nos permita compreender melhor o significado/conexão dialética que este livro tem em relação com a realidade vivida do ensino e da pedagogia. Neste caso, o texto é representado pelos princípios pedagógicos críticos que estruturam o significado fundamental deste livro; o contexto é o mundo mais amplo da escola e da educação, que inclui as escolas públicas bem como aquelas esferas públicas em que existem outras formas de aprendizagem e de luta. No que se segue, quero analisar a importância de apresentar a alfabetização como um construto histórico e social tanto para absorver o discurso da dominação, quanto para definir a pedagogia crítica como uma forma de política cultural. A seguir, indicarei algumas das implicações que a visão da alfabetização emancipadora de Freire e Macedo têm para o desenvolvimento de uma pedagogia radical da voz e da experiência.

A ALFABETIZAÇÃO CRÍTICA COMO PRECONDIÇÃO PARA O *EMPOWERMENT* INDIVIDUAL E SOCIAL

No sentido político mais amplo, compreende-se melhor a alfabetização como uma infinidade de formas discursivas e competências culturais que constroem e tornam disponíveis as diversas relações e experiências que existem entre os educandos e o mundo. Em sentido mais específico, a alfabetização crítica é tanto uma narrativa para a ação, quanto um referente para a crítica. Como narrativa para a ação, a alfabetização torna-se sinônimo de uma tentativa de resgatar a história, a experiência e a visão do discurso convencional e das relações sociais dominantes. Ela significa desenvolver as condições teóricas e práticas mediante as quais os seres humanos podem situar-se em suas respectivas histórias e, ao fazê-lo, fazer-se presentes como agentes na luta para expandir as possibilidades da vida e da liberdade humanas. Nesses termos, alfabetização não é o equivalente de emancipação; de modo mais limitado, mas fundamental, ela é a precondição para o engajamento em lutas em torno tanto de relações de significado, quanto de relações de poder. Ser alfabetizado *não* é ser livre; é estar presente e ativo na luta pela reivindicação da própria voz, da própria história e do próprio futuro. Do mesmo modo como o analfabetismo não explica as causas do desemprego maciço, da burocracia e do crescente racismo nas principais cidades dos Estados Unidos, da África do Sul e de outros lugares, assim também a alfabetização não representa nem garante automaticamente a liberdade social, política e econômica.[16] Como um referente para a crítica, a alfabetização oferece uma precondição básica para a organização e a compreensão da natureza socialmente elaborada da subjetividade e da experiência, e para a avaliação de como o conhecimento, o poder e a prática social podem ser moldados coletivamente a serviço da tomada de decisões que sejam instrumentos para uma sociedade democrática e não meramente concessões aos desejos dos ricos e dos poderosos.[17]

Para que uma teoria radical da alfabetização abranja a ação e a crítica humanas como parte da narrativa da libertação, ela deve rejeitar a prática pedagógica reducionista de limitar a crítica às análises de produtos culturais tais como textos, livros, filmes e outras mercadorias.[18] As teorias da

---

[16] Importante estudo sobre alfabetização e ideologia é o de Linda Brodkey, *Writing on Parole: Essays and Studies on Academic Discourse*. Filadélfia: Temple University.

[17] S. Aronowitz e H.A. Giroux, op. cit.

[18] Gillian Swanson, "Rethinking Representations". *Screen*, 27, outubro de 1986, pp. 16-28.

alfabetização ligadas a essa forma de crítica ideológica dissimulam a natureza *relacional* do modo como se produz o significado, isto é, a intersecção das subjetividades, objetos e práticas sociais no interior de determinadas relações de poder. Assim sendo, a crítica como dimensão fundamental dessa visão da alfabetização existe à custa do desenvolvimento de uma teoria adequada de como o significado, a experiência e o poder estão inscritos como parte de uma teoria da ação humana. Desse modo, seria essencial a uma teoria radical da alfabetização o desenvolvimento de uma visão da ação humana em que a produção do significado não esteja limitada à análise de como as ideologias se inscreveram em determinados textos. Neste caso, uma teoria radical da alfabetização precisa incorporar uma noção de ideologia crítica que inclua uma visão da ação humana em que a produção do significado tenha lugar no diálogo e na interação, que constitui reciprocamente a relação dialética entre as subjetividades humanas e o mundo objetivo. Como parte de um projeto político definitivo, uma teoria radical da alfabetização precisa produzir uma visão da ação humana restaurada mediante formas de narrativa que atuem como parte de "uma pedagogia do *empowerment* [...] centrada dentro de um projeto social que vise a intensificar a possibilidade humana".[19]

É essencial para a noção de alfabetização crítica, desenvolvida nos diálogos de Freire e Macedo, um certo número de intuições fundamentais relativas à política do analfabetismo. Como construção social, a alfabetização não só nomeia experiências consideradas importantes para uma

---

[19] Roger Simon, "Empowerment as a Pedagogy of Possibility". *Language Arts*, 64, abril de 1987, pp. 370-82.

dada sociedade, como também realça e define, pelo conceito de *analfabeto*, aquilo que se pode denominar a "experiência do outro". O conceito de analfabeto, nesse sentido, dá muitas vezes uma cobertura ideológica para que os grupos poderosos simplesmente silenciem os pobres, os grupos minoritários, as mulheres, ou as pessoas de cor. Consequentemente, nomear o analfabetismo como parte da definição do que significa ser alfabetizado representa uma construção ideológica enformada por determinados interesses políticos. Embora a indagação de Freire e de Macedo a respeito do conceito de analfabetismo procure desvendar esses interesses ideológicos dominantes, proporciona também uma base teórica para a compreensão da natureza política do analfabetismo como prática social vinculada tanto à lógica da hegemonia cultural, quanto a formas particulares de resistência. Está implícita nessa análise a noção de que o analfabetismo, como problema social, atravessa as fronteiras entre as classes e não se limita ao fato de as minorias não conseguirem dominar as competências funcionais de ler e de escrever. O analfabetismo significa, num nível, uma forma de ignorância política e intelectual e, em outro, um exemplo possível de resistência de classe, de sexo, de raça ou de cultura. Como parte da questão mais ampla e mais difusa de hegemonia cultural, o analfabetismo refere-se à incapacidade funcional ou recusa das pessoas de classe média ou alta de ler o mundo e suas próprias vidas de um modo crítico e historicamente relacional. Stanley Aronowitz sugere uma visão do analfabetismo como uma forma de hegemonia cultural na exposição que faz sobre o que deve significar ser "funcionalmente" alfabetizado.

A verdadeira questão relativa aos "funcionalmente" alfabetizados é se eles podem decodificar as mensagens da cultura de massa contrariamente às interpretações oficiais da realidade social, econômica e política; se se sentem capazes de avaliar criticamente os acontecimentos, ou, até mesmo, de interferir neles. Se compreendemos alfabetização como a capacidade dos indivíduos e grupos de se situarem na história, de se verem como atores sociais capazes de discutir seus futuros coletivos, então o obstáculo central à alfabetização é a privatização e o pessimismo arrasadores que vieram a difundir-se pela vida pública.[20]

Aronowitz chama a atenção para o fato de a maioria dos educadores radicais e críticos não conseguir compreender o analfabetismo como forma de hegemonia cultural. Mais uma vez, analfabetismo, empregado desse modo, inclui uma linguagem e um conjunto de práticas sociais que sublinham a necessidade de desenvolver uma teoria radical da alfabetização que assuma seriamente a tarefa de desvelar o modo pelo qual determinadas formas de regulamentação social e moral produzem uma cultura da ignorância e da estupidez absoluta, fundamental ao silenciamento de todas as vozes potencialmente críticas.

É importante também que se enfatize, uma vez mais, que, como ato de resistência, a recusa a ser alfabetizado pode constituir menos um ato de ignorância por parte dos grupos subalternos do que um ato de resistência. Isto é, os membros da classe trabalhadora e de outros grupos oprimidos podem, consciente ou inconscientemente,

---

[20] S. Aronowitz, op. cit.

recusar-se a aprender os códigos e competências culturais específicas sancionados pela visão da alfabetização da cultura dominante. Essa resistência deve ser vista como uma oportunidade para investigar as condições políticas e culturais que justificam essa resistência e não como atos incondicionais de recusa política consciente. Exprimindo de maneira simples, os interesses que enformam tais atos nunca falam por si, e têm de ser analisados dentro de um quadro de referência mais interpretativo e contextual, o qual vincule o contexto mais amplo da escolaridade à interpretação que os alunos atribuem ao ato de recusa. A recusa a ser alfabetizado, nesses casos, proporciona a base pedagógica para se entrar num diálogo crítico com os grupos cujas tradições e culturas são, muitas vezes, objeto de uma investida maciça e de uma tentativa da cultura dominante para deslegitimar e desorganizar o conhecimento e as tradições utilizados por esses grupos para se definirem e para definirem sua visão do mundo.

Para os professores, a questão essencial que precisa ser investigada é a maneira pela qual, como diz Phil Corrigan, o currículo social da escola constrói práticas sociais em torno da diferenciação alfabetizado/analfabeto de modo a contribuir para a

> [...] construção social regulamentada de silenciamento diferencial e de estupidez categorizada dentro dos vórtices da sexualidade, da raça, do sexo, da classe, da linguagem e da regionalidade. [...] [Isso] torna mais forte o que há de essencial na funcionalidade da ignorância, a importância de declarar sem valor e estúpida a maioria das pessoas durante a maior parte

do tempo, com uma palavra única e exata de poder fatal e classificador: mau. E fazendo-os "adotar" essa identificação, como se ela fosse a única prova de identidade que pudessem exibir, e intercambiar.[21]

Para Corrigan e outros, a construção do significado dentro da escola é muitas vezes estruturada mediante uma gramática social dominante, que limita a possibilidade do ensino e aprendizagem críticos nas escolas. A linguagem dominante, neste caso, estrutura e regulamenta não só o que deve ser ensinado, mas também como deve ser ensinado e avaliado. Segundo essa análise, a ideologia combina-se com a prática social na produção de uma voz da escola — a voz da autoridade indiscutível —, que busca demarcar e regulamentar os modos específicos pelos quais os alunos aprendam, falem, ajam e se apresentem. Nesse sentido, Corrigan está absolutamente correto quando afirma que ensino e aprendizagem dentro da escolarização pública não se ocupam simplesmente da reprodução da lógica e da ideologia dominantes do capitalismo. Nem se ocupam primordialmente com os atos de resistência empreendidos pelos grupos subalternos que lutam por uma voz e por um senso de dignidade nas escolas. Essas duas práticas sociais existem, mas fazem parte de um conjunto muito mais amplo de relações sociais em que a experiência e a subjetividade se constroem dentro de uma diversidade de vozes, condições e narrativas que indicam que a escola representa mais do que anuência ou rejeição.

---

[21] Philip Corrigan, "State Formation and Classroom Practice", comunicação apresentada no Seminário Ivor Goodson, Universidade de Western Ontario, 2-3/10/1986.

No sentido mais geral, a escolarização ocupa-se da regulamentação do tempo, do espaço, da textualidade, da experiência, do conhecimento e do poder entre interesses e histórias conflitantes, que não pode ser enquadrada em simples teorias de reprodução e de resistência.[22] As escolas devem ser vistas em seus contextos históricos e relacionais. Como instituições, apresentam posições contraditórias dentro da cultura mais ampla e representam, também, um terreno de combate complexo relativo ao que significa ser alfabetizado e *empowered*, de modo tal que permite que professores e alunos pensem e ajam de maneira condizente com os imperativos e a realidade de uma democracia radical.

A tarefa de uma teoria da alfabetização crítica é alargar nossa concepção a respeito de como os professores produzem, mantêm e legitimam ativamente o significado e a experiência nas salas de aula. Ademais, uma teoria da alfabetização crítica obriga uma compreensão mais profunda de como as condições mais amplas do Estado e da sociedade produzem, negociam, transformam e se abatem sobre as condições de ensino de tal modo que possibilitam ou impossibilitam que os professores ajam de modo crítico e transformador. Igualmente importante é a necessidade de desenvolver, como pressuposto básico da alfabetização crítica, o reconhecimento de que o conhecimento não se produz unicamente nas cabeças dos peritos, dos especialistas em currículos, dos administradores

---

[22] Para uma discussão crítica das teorias de reprodução e resistência, cf. H.A. Giroux, op. cit. Cf. também J. C. Walker, "Romanticising Resistance, Romanticising Culture: Problems in Willis's Theory of Cultural Production". *British Journal of Sociology of Education*, 7:1, 1986, pp. 59-80.

escolares e dos professores. A produção de conhecimento, como mencionamos anteriormente, é um ato relacional. Para os professores, isso significa ser sensível às atuais condições históricas, sociais e culturais que contribuem para as formas de conhecimento e de significado que os alunos trazem para a escola.

Se se quiser desenvolver um conceito de alfabetização crítica em conexão com as noções teóricas de narrativa e ação, é importante, então, que o conhecimento, os valores e as práticas sociais que constituem a história/narrativa sejam compreendidos como a encarnação de determinados interesses e relações de poder referentes a como se deveria pensar, viver e agir quanto ao passado, ao presente e ao futuro. Na sua melhor forma, uma teoria da alfabetização crítica precisa desenvolver práticas pedagógicas nas quais, na luta por compreender a vida de cada um, reafirme e aprofunde a necessidade de os professores e os alunos recuperarem suas próprias vozes, de modo que possam tornar a contar suas próprias histórias e, ao fazê-lo, "conferir e criticar a história que lhes contam em comparação com a que viveram".[23] Contudo, isso significa mais do que apenas tornar a contar e comparar histórias. A fim de ir além de uma pedagogia da voz que sugere que todas as histórias são inocentes, é importante examinar essas histórias quanto ao interesse e aos princípios que as estruturam e examiná-las como parte de um projeto político (no sentido mais amplo) que pode possibilitar ou solapar os valores e as práticas que proporcionam os fundamentos da justiça social, da igualdade e da comunidade democrática. Em seu sentido

[23] Fred Inglis, *The Management of Ignorance*. Londres: Blackwell, 1985, p. 108.

mais radical, a alfabetização crítica significa fazer com que a individualidade de cada um esteja presente como parte de um projeto moral e político que vincula a produção do significado à possibilidade da ação humana, da comunidade democrática e da ação social transformadora.[24]

A ALFABETIZAÇÃO E A LIBERTAÇÃO DO RECORDAR

Na tentativa de desenvolver um modelo de alfabetização crítica que englobe uma relação dialética entre uma leitura crítica do mundo e da palavra, Freire e Macedo estabelecem as bases para um novo discurso no qual a noção de alfabetização traz consigo uma atenção crítica à teia de relações em que o significado se produz, tanto como construção histórica, quanto como parte de um conjunto mais amplo de práticas pedagógicas. Neste sentido, a alfabetização significa mais do que romper com o preestabelecido, ou, como disse Walter Benjamin, "contrariar o sentido da história".[25] Significa, também, compreender os detalhes da vida quotidiana e a gramática social do concreto mediante as totalidades mais globais da história e do contexto social. Como parte do discurso da narrativa e da ação, a alfabetização crítica sugere que se utilize a história como uma forma de libertar a memória. No sentido aqui empregado, história significa reconhecer os traços figurais de potencialidades inesgotadas bem como

---

[24] Harold Rosen, "The Importance of Story". *Language Arts*, 63, março de 1986, pp. 226-37.
[25] Walter Benjamin, *Iluminations*, organizado por Hannah Arendt. Nova York: Schocken, 1969, especialmente "Thesis on the Philosophy of History", pp. 253-64.

fontes de sofrimento que constituem o passado de cada um.[26] Reconstruir a história nesse sentido é situar o significado e a prática da alfabetização num discurso ético que tem como referência aquelas situações de sofrimento que precisam ser lembradas e superadas.[27]

Como elemento libertador do recordar, a busca histórica torna-se mais do que uma simples preparação para o futuro por meio da recuperação de uma série de eventos passados; em vez disso, torna-se um modelo para a constituição do potencial radical da memória. É uma testemunha ponderada da opressão e da dor suportadas desnecessariamente por vítimas da história e um texto/terreno de luta para o exercício da dúvida crítica, realçando não só as fontes de sofrimento de que é preciso recordar, de modo que não venham a repetir-se, como também o lado subjetivo da luta e da esperança humanas.[28] Em outras palavras, a libertação do recordar e as formas de alfabetização crítica que ela alicerça expressam sua natureza dialética, tanto em "seu impulso crítico desmistificador, dando um testemunho ponderado dos sofrimentos do passado",[29] quanto nas seletas e fugazes imagens de esperança que elas ofertam ao presente.

---

[26] Ernst Bloch, *The Principle of Hope*. Cambridge, Massachusetts: MIT, 1985, t. III. Para uma discussão sobre a política do antiutopianismo, esperança e luta nas teorias radicais da educação, cf. H.A. Giroux, "Solidarity, Struggle, and the Public Sphere, parts 1 & 2". *The Review of Education*, 12, n. 3-4, verão e outono de 1986.

[27] Este tema está mais desenvolvido nas diversas obras e tradições da teologia da libertação. Para uma revisão perspicaz e uma análise crítica dessa perspectiva, cf. Rebecca S. Chopp, *The Praxis of Suffering*. Maryknoll, Nova York: Orbis, 1986.

[28] Cf. Herbert Marcuse, *Eros and Civilization*. Boston: Beacon Press, 1955; e Paul Ricoeur, *Freud and Philosophy: An Essay on Interpretation*, traduzido por Denis Sauvage. New Haven: Yale University, 1970.

[29] Martin Jay, "Anamnestic Totalization". *Theory and Society*, 11, 1982, p. 13.

Alfabetização como forma de política cultural

Teorizar a alfabetização como uma forma de política cultural pressupõe que as dimensões social, cultural, política e econômica da vida quotidiana sejam as categorias primordiais para a compreensão da escolarização contemporânea. Dentro deste contexto, a vida escolar não é concebida como um sistema unitário, monolítico e rígido de regras e regulamentações, mas como um terreno cultural caracterizado pela produção de experiências e de subjetividades em meio a variados graus de acomodação, contestação e resistência. Como forma de política cultural, a alfabetização ao mesmo tempo ilumina e examina a vida escolar como um lugar caracterizado por uma pluralidade de linguagens e de lutas conflitantes, local em que as culturas dominante e subalterna entram em conflito e onde professores, alunos e administradores escolares frequentemente divergem quanto a como se devem definir e compreender as experiências e as práticas escolares.[30] Dentro desse tipo de análise, a alfabetização proporciona um foco importante para a compreensão dos interesses e princípios políticos e ideológicos em jogo nos entrechoques e nos intercâmbios pedagógicos entre o professor, o educando e as formas de significado e de conhecimento que eles produzem em conjunto.

O que está em jogo aqui é a noção de alfabetização que estabelece relações de poder e de conhecimento não apenas a *o que* os professores ensinam, mas também aos significados produtivos que os alunos, com todas as suas

---

[30] Peter McLaren, *Schooling as a Ritual Performance*. Nova York: Routledge and Kegan Paul, 1986.

diferenças culturais e sociais, trazem para as salas de aula como parte da produção de conhecimento e da construção de identidades pessoais e sociais. Neste caso, definir alfabetização no sentido freiriano, como uma leitura do mundo e da palavra, é lançar as bases teóricas para uma análise mais completa de como se produz o conhecimento e de como se constroem as subjetividades no interior de relações de interação, nas quais professores e alunos procuram fazer-se presentes como autores ativos de seus próprios mundos.[31]

Tradicionalmente, os educadores radicais têm enfatizado a natureza ideológica do conhecimento (ou como uma forma de crítica ideológica ou como um conteúdo ideologicamente correto a ser passado claramente aos alunos) como o centro primordial do trabalho educativo crítico. É essencial nessa perspectiva uma visão do conhecimento que sugere que ele é produzido na cabeça do educador ou professor/teórico e não em um engajamento interativo que se expressa pelo processo de escrever, falar, debater e lutar a respeito do que se considera conhecimento legítimo. Em suma, o pensamento abstrai-se teoricamente a partir de sua própria produção, como parte de um embate pedagógico, e é, também, subteorizado pelo modo como é confrontado no contexto pedagógico em que é ensinado aos alunos. A ideia de que o conhecimento não se pode construir fora de um embate pedagógico perde-se no pressuposto errôneo de que o conteúdo de verdade do conhecimento é a questão mais fundamental a ser tratada ao ensinar alguém. Desse modo, a importância da noção da pedagogia como

---
[31] Roger Simon, op. cit., p. 4.

parte de uma teoria crítica da educação ou é subteorizada ou simplesmente esquecida. O que muitas vezes tem emergido dessa maneira de ver é uma divisão de trabalho em que os teóricos que produzem conhecimento estão restritos à universidade, os que simplesmente o reproduzem são encontrados como professores de escolas básicas e os que passivamente o recebem, sob a forma de migalhas, em todos os níveis de escolaridade, desempenham o papel de alunos. Essa recusa em desenvolver o que David Lusted chamou de pedagogia da teoria *e* do ensino não apenas identifica erradamente o conhecimento como uma produção isolada de significado, como também nega o conhecimento e as formas sociais pelas quais os alunos dão importância às próprias vidas e experiências. Sobre essa questão, vale a pena reproduzir Lusted.

> O conhecimento não se produz em intenção daqueles que acreditam ser seus detentores, quer com a caneta, quer com a voz. Ele se produz no processo de interação, entre o escritor e o leitor, no momento da leitura, e entre o professor e o educando, no momento em que se encontram na sala de aula. O conhecimento não é tanto aquilo que se oferece, quanto aquilo que é compreendido. Pensar em campos de corpos de conhecimento como se fossem propriedade de acadêmicos e de professores está errado. Isso rejeita uma igualdade nas relações em momentos de interação e privilegia impropriamente um dos lados do intercâmbio, e o que esse lado "sabe", em detrimento do outro lado. Além disso, para produtores culturais críticos, manter essa visão do conhecimento traz consigo sua própria pedagogia, uma

pedagogia autocrática e elitista. Não é só que isso renegue o valor do que os educandos sabem, o que realmente faz, mas que identifica erroneamente as condições necessárias para o tipo de aprendizagem — crítica, engajada, pessoal e social — exigida pelo próprio conhecimento.[32]

No sentido mais óbvio, essa posição é exemplificada pelos professores que definem o êxito de seu ensino exclusivamente pela correção ideológica da disciplina que ensinam. Exemplo clássico é o da professora de classe média, horrorizada, com razão, com o sexismo manifestado pelos alunos homens de sua classe. A professora reage apresentando aos alunos grande número de artigos feministas, filmes e outros materiais curriculares. Em vez de reagirem com gratidão, por estarem sendo politicamente esclarecidos, os alunos reagem com escárnio e resistência. A professora fica frustrada, enquanto o sexismo dos alunos parece tornar-se ainda mais acirrado. Nesse confronto, surgem diversos erros pedagógicos e políticos. Em primeiro lugar, em vez de prestar um pouco de atenção a como os alunos produzem significado, a professora radical admite, erroneamente, como evidente por si mesma, a natureza da correção política e ideológica de sua posição. Ao fazê-lo, assume um discurso autoritário que não dá aos alunos a possibilidade de contar suas histórias pessoais, de apresentar e em seguida questionar as experiências que põem em jogo. A seguir, negando aos alunos a oportunidade de questionar e investigar a ideologia do sexismo como uma experiência problemática, a professora

---

[32] David Lusted, "Why Pedagogy?". *Screen*, 27, setembro-outubro de 1986, pp. 4-5.

não apenas solapa as vozes desses alunos, como ainda demonstra aquilo que, aos olhos deles, não passa de mais um exemplo de autoridade institucional de classe média a lhes dizer o que devem pensar. Em consequência, o que de início parece ser uma intervenção pedagógica legítima da voz de uma professora radical, acaba por solapar suas próprias convicções ideológicas, por ignorar a relação complexa e fundamental entre ensino, aprendizagem e cultura dos alunos. As melhores intenções da professora são, desse modo, subvertidas pelo emprego de uma pedagogia que participa exatamente da lógica dominante que ela busca contestar e destruir. O importante a reconhecer, neste caso, é que uma teoria radical da alfabetização precisa erguer-se sobre uma teoria dialética da voz e do *empowerment*. No sentido mais geral, isso significa vincular as teorias de ensino e aprendizagem a teorias mais amplas da ideologia e da subjetividade. O modo como professores e alunos leem o mundo, neste caso, está inextricavelmente ligado a formas de pedagogia que podem funcionar ou para silenciar e marginalizar os alunos ou para legitimar suas vozes, num esforço para os *empower* como cidadãos críticos e ativos.[33]

Desenvolver uma pedagogia radical coerente com a visão de alfabetização e de voz proposta por Freire e Macedo implica também repensar a natureza mesma do discurso curricular. De início, isso exige compreender o currículo como representativo de um conjunto de interesses subjacentes que estruturam o modo pelo qual

---

[33] Importante análise sobre temas semelhantes encontra-se em Kathleen Weller, *Women Teaching for Change*. South Hadley, Massachusetts: Bergin and Garvey, 1987.

determinada história é contada mediante a organização do conhecimento, das relações sociais, dos valores e das formas de avaliação. O currículo representa uma narrativa ou voz, a qual é multifacetada e muitas vezes contraditória, mas situada também dentro de relações de poder que, com maior frequência, favorecem os alunos brancos, do sexo masculino, de classe média, de língua inglesa. O que isso indica, para uma teoria da alfabetização e da pedagogia críticas, é que o currículo, no sentido mais fundamental, é um campo de batalha sobre cujas formas de conhecimento a história, as visões, a linguagem, a cultura e a autoridade predominam como um objeto legítimo de aprendizagem e de análise.[34] Finalmente, o currículo é uma outra instância de uma política cultural cujas práticas significativas contêm não só a lógica da legitimação e da dominação, mas também a possibilidade de formas transformadoras e *empowering* de pedagogia.

Além de tratar o currículo como uma narrativa cujos interesses devem ser postos a descoberto e examinados criticamente, os professores radicais devem desenvolver condições pedagógicas em suas salas de aula que permitam que as diversas vozes dos alunos sejam ouvidas e legitimadas. O tipo de pedagogia crítica que aqui se propõe preocupa-se fundamentalmente com a experiência do aluno; ela tem como ponto de partida os problemas e as necessidades dos próprios alunos. Isso propõe tanto a confirmação quanto a legitimação do conhecimento e da experiência por meio

---

[34] Uma admirável história do currículo como campo de luta encontra-se em Herbert M. Kliebard, *The Struggle for the American Curriculum, 1893-1958*. Nova York: Routledge and Kegan Paul, 1986.

dos quais os alunos dão sentido às próprias vidas. Mais evidente ainda, isso significa substituir o discurso autoritário da imposição e da aula por uma voz capaz de falar nos próprios termos de cada um, uma voz capaz de escutar, recontar e desafiar as bases mesmas do conhecimento e do poder.[35]

É importante realçar que uma pedagogia crítica da alfabetização e da voz deve estar atenta à natureza contraditória da experiência e da voz do aluno e, por isso, estabelecer as bases pelas quais essa experiência pode ser examinada e analisada com respeito tanto a suas forças, quanto a suas fraquezas. Neste caso, a voz não apenas proporciona um quadro de referência teórico que alicerça a subjetividade e a aprendizagem, como ainda proporciona um referente para a crítica à espécie de louvor romântico da experiência do aluno, que caracterizou grande parte da pedagogia radical do início dos anos 1960. O que está em questão aqui é a vinculação da pedagogia da voz do aluno a um projeto do possível, que permite que os alunos afirmem e exaltem a interação de diversas vozes e experiência, ainda que ao mesmo tempo reconheçam que essas vozes devem sempre ser examinadas quanto aos diversos interesses ontológicos, epistemológicos, éticos e políticos que representam. Como uma forma de produção histórica, textual, política e sexual, a voz do aluno deve radicar-se numa pedagogia que permita que os alunos falem e que compreendam a natureza da diferença como parte tanto de uma tolerância democrática e de uma condição fundamental para o

---

[35] H.A. Giroux, "Radical Pedagogy and the Politics of Student Voice". *Interchange*, 17, 1986, pp. 48-69.

diálogo crítico, quanto do desenvolvimento de formas de solidariedade enraizadas nos princípios da confiança, do compartilhamento e num compromisso com a melhoria da qualidade da vida humana. Uma pedagogia de alfabetização crítica e de voz precisa desenvolver-se em torno de uma política de divergência e de comunidade, que não se baseia apenas numa exaltação à pluralidade. Uma pedagogia como essa deve ser conseguida a partir de uma determinada forma de comunidade humana em que a pluralidade seja dignificada mediante a construção de relações sociais em sala de aula em que todas as vozes se unifiquem, em suas divergências, tanto em seu esforço para identificar e relembrar momentos do sofrimento humano, quanto em suas tentativas para superar as condições que perpetuam aquele sofrimento.[36]

Em segundo lugar, uma pedagogia crítica deve levar muito a sério a articulação de uma moralidade que postule uma linguagem da vida pública, de comunidade emancipadora e do comprometimento individual e social. Os alunos devem ser introduzidos a uma linguagem do *empowerment* e da ética radical que lhes permita pensar a respeito de como a vida em comunidade deve ser construída em torno de um projeto do possível. Roger Simon exprimiu com muita clareza essa posição da seguinte maneira:

> Uma educação que *empowers* a possibilidade propõe questões sobre como podemos trabalhar para a re-construção da imaginação social a serviço da liberdade humana. Que noções de saber e que formas de aprender darão sustentação a isso? Creio

---

[36] Sharon Welch, *Communities of Resistance and Solidarity*. Nova York: Orbis, 1985.

que o projeto do possível exige uma educação radicada numa visão da liberdade humana como a compreensão da necessidade e a transformação da necessidade. Essa é a pedagogia que exigimos, aquela cujos padrões e objetivos finais sejam determinados com relação a metas de crítica e com a intensificação da imaginação social. O ensino e a aprendizagem devem estar vinculados à meta de educar os alunos para correr riscos, para lutar com as relações de poder vigentes, para apropriar-se criticamente das formas de conhecimento existentes fora de sua experiência imediata, e para imaginar versões de um mundo que (no sentido blochiano) "ainda não é" — a fim de serem capazes de alterar as bases sobre as quais a vida é vivida.[37]

Em terceiro lugar, os professores devem propiciar aos alunos a oportunidade de examinar diversas linguagens ou discursos ideológicos, como se encontram desenvolvidos numa variedade de textos e de materiais curriculares. Isso é importante por diversas razões. Uma pedagogia crítica precisa primeiro validar e investigar a produção de leituras diferenciais. Ao fazê-lo, os alunos são estimulados a engajar-se na tarefa teórica e prática de examinar suas próprias posições teóricas e políticas. A seguir, uma pedagogia desse tipo deve criar as condições de sala de aula necessárias para a identificação e a problematização das maneiras contraditórias e múltiplas de ver o mundo que os alunos usem para a construção de sua própria visão do mundo. A questão aqui é, pois, desenvolver e examinar a fundo o modo como os alunos executam determinadas operações ideológicas para desafiar ou para adotar certas posições

---

[37] R. Simon, op. cit., pp. 11-2.

apresentadas nos textos e contextos de que dispõem, tanto na escola quanto na sociedade mais ampla. Em seguida a isso, e essencial para o desenvolvimento de uma compreensão crítica e dialética da voz, encontra-se a necessidade de os professores reconhecerem que os significados e ideologias do texto não são as únicas posições de que os alunos podem apropriar-se.[38] Uma vez que a subjetividade e a identidade cultural do aluno são, elas mesmas, contraditórias, é importante que se vincule o modo como os alunos produzem significado aos diversos discursos e formações sociais, exteriores à escola, que constroem ativamente suas experiências e subjetividades contraditórias.

Em quarto lugar, como parte do discurso da alfabetização e da voz, os educadores críticos precisam examinar os interesses sociais e políticos que constroem suas próprias vozes. Especialmente importante é que os professores levem em conta o modo pelo qual tais interesses ideológicos estruturaram sua capacidade *tanto* para ensinar *quanto* para aprender com outros. Uma teoria radical da alfabetização e da voz deve permanecer atenta à afirmação de Freire de que todos os educadores críticos são também educandos. Não se trata meramente de aprender a respeito do que os alunos devem saber; trata-se, muito mais, de aprender a como renovar uma forma de autoconhecimento mediante uma compreensão da comunidade e da cultura que constitui ativamente as vidas de seus alunos. Dieter Misgeld diz isso muito bem:

> A transformação social contém em si e exige a autoformação. [...] A identidade dos educandos e dos professores está tão em

---
[38] G. Swanson, op. cit.

questão, e deve ser descoberta por meio da pedagogia em que eles cooperam, quanto o conteúdo daquilo que aprendem. [...] Os pedagogos de Freire (professores-alunos, ou animadores de atividades nos círculos de cultura) podem, por isso, permitir-se aprender, e devem aprender de seus alunos. A aprendizagem de que estamos falando não é meramente incidental. Não se trata simplesmente de uma questão de monitoramento do desempenho do aluno, de modo que uma tarefa de aprendizagem possa ser apresentada com maior eficiência didática. Em vez disso, o propósito da aventura educativa é aprendido e re-aprendido dos alunos e com os alunos. Os alunos fazem com que os professores se lembrem da tarefa essencial da aprendizagem: que a aprendizagem e o ensino destinam-se a levar a cabo o autoconhecimento com o conhecimento da própria cultura (e "do mundo", como Freire diz). Aprende-se a compreender, a estimar e a afirmar sua participação como membro da cultura. Cada qual é alguém para quem a cultura existe. Aprende-se sobre si mesmo como um "ser de decisão" e como um "sujeito ativo do processo histórico".[39]

Juntamente com a implicação de que os educadores precisam levar em conta constantemente tanto a palavra quanto o mundo, encontra-se o pressuposto menos óbvio de que os professores precisam desenvolver práticas educativas em que professores e alunos se comprometam uns com os outros como agentes de culturas diferentes/semelhantes. Isso

---

[39] Dieter Misgeld, "Education and Cultural Invasion: Critical Social Theory, Education as Instruction, and the 'Pedagogy of the Oppressed'", in John Forester (org.), *Critical Theory and Public Life*. Cambridge, Massachusetts: MIT, 1985, pp. 106-7.

mostra como é importante que os professores desenvolvam pedagogias que lhes permitam afirmar suas próprias vozes, ao mesmo tempo que conseguem estimular os alunos a afirmar, contar e recontar suas narrativas pessoais pelo exercício de suas próprias vozes. Isso indica, também, que a autoridade institucional e autoconstituída, que oferece a base para discurso do professor, não é desculpa para recusar aos alunos a oportunidade de questionar seus pressupostos mais fundamentais. Isso constitui menos um argumento para solapar ou anular a autoridade e o fundamento da voz do professor, do que para propiciar o fundamento pedagógico para compreender como e por que essa autoridade se construiu e a que propósito ela serve. É importante, também, que os professores reconheçam como muitas vezes silenciam os alunos, mesmo quando agem com a melhor das intenções.[40] Isso sugere que se atente criticamente, não só à imediação da própria voz, como parte do aparato estabelecido de poder, mas também aos medos, à resistência e ao ceticismo que os alunos oriundos de grupos subalternos trazem consigo para o cenário da escola.

Em quinto lugar, as vozes que estruturam o ambiente escolar têm sido muitas vezes teorizadas de maneira imprópria, por educadores de esquerda, como parte de um antagonismo inconciliável entre, de um lado, a voz do professor e da escola e, de outro, as vozes dos grupos subalternos de alunos. Caindo na armadilha de uma lógica polarizadora de reprodução *versus* resistência, esse discurso oferece uma compreensão inadequada de como o significado é negociado e transformado nas escolas; e também não deixa espaço algum para o desenvolvimento de um discurso programático de transformação

---

[40] Michelle Fine, "Silencing in Public Schools". *Language Arts*, 64, 1987, pp. 157-74.

e possibilidade. Freire e Macedo devem ser enaltecidos por proporcionarem, em suas discussões sobre a voz e sobre a importância do diálogo, uma leitura alternativa do que se dá nas escolas em torno da produção e da transformação do significado. Embora o discurso oficial da escola e a voz subalterna dos alunos possam ser moldados a partir de necessidades diversas, existe uma frequente interação entre eles que resulta num processo de definição e de coerção recíprocas.[41] Isso indica haver uma interação muito mais sutil entre a ideologia dominante das escolas e as ideologias dos variados alunos que nela se encontram. É preciso reconhecer que essa posição vai bem mais longe do que o modelo reprodutivo da escola, desenvolvido por teóricos tão diferentes quanto Paul Willis, na Inglaterra, e Sam Bowles e Herb Gintis, nos Estados Unidos.[42] Não se pode desprezar a natureza característica das oscilantes formas de acomodação, resistência e questionamento que definem a qualidade particular da complexa interação entre as vozes do professor e do aluno, em especial por ser exatamente essa qualidade que mostra a importância de sempre se analisar a cultura escolar dominante como parte de um contexto histórico, social e pedagógico determinado. Essa visão da voz e da pedagogia proporciona, também, a base para o desenvolvimento de possíveis alianças e projetos em torno dos quais professores e alunos podem dialogar e lutar juntos a fim de fazer com que suas respectivas posições sejam ouvidas fora das salas de aula e na comunidade mais ampla.

---

[41] Esse tema encontra-se bem desenvolvido em Adrian T. Bennet e Michelle Sola, "The Struggle for Voice: Narrative, Literacy, and Consciousness in an East Harlem School". *Boston University Journal of Education*, 167, 1985, pp. 88-110.

[42] Samuel Bowles e Herbert Gintis, *Schooling in Capitalist Society*. Nova York: Columbia University, 1981.

Conclusão

Cabe repetir que a abordagem da alfabetização desenvolvida por Freire e Macedo nestas páginas não é simplesmente sobre *empowering* os alunos, mas refere-se, também, ao *empowerment* dos professores como parte do projeto mais amplo de reconstrução social e política. Stanley Aronowitz e eu temos afirmado que a alfabetização crítica é uma precondição para o engajamento no trabalho pedagógico radical e na ação social.[43] Para essa luta, é fundamental a necessidade de redefinir a natureza do trabalho dos professores como intelectuais transformadores. A categoria de intelectual é importante, neste caso, para a análise, tanto das práticas ideológicas e materiais particulares que estruturam as relações pedagógicas em que se envolvem os professores, quanto para identificar a natureza ideológica dos interesses que os professores produzem e legitimam como parte da cultura mais ampla. A noção de intelectual oferece um referente para criticar aquelas formas de pedagogias gerenciais, esquemas contábeis e currículos "à prova de professor" que definiriam os professores simplesmente como técnicos. Além disso, oferece a base teórica e política para que os professores se engajem num diálogo crítico entre si e com outros a fim de lutar pelas condições de que necessitam para refletir, ler, partilhar seu trabalho com outros e produzir materiais curriculares.

Atualmente, nos Estados Unidos, os professores não só estão sofrendo a investida da nova direita e do governo federal, como ainda trabalham sob condições recheadas, de maneira

---

[43] S. Aronowitz e H.A. Giroux, op. cit., especialmente cap. 2, pp. 23-46.

esmagadora, de coerções organizacionais e condições ideológicas que não lhes dão um mínimo de espaço para o trabalho coletivo e para atividades críticas. Sua carga horária é grande demais, geralmente estão isolados em estruturas celulares e têm pouca oportunidade de trabalhar coletivamente com seus pares. Além disso, são impedidos de exercer seu próprio conhecimento relativo à seleção, organização e distribuição de materiais de ensino. Mais ainda, os professores atuam muitas vezes sob condições de trabalho degradantes e opressivas. Isso está ilustrado de maneira vigorosa em recente estudo sobre professores das escolas primárias da região de Boston, realizado por Sara Freedman, Jane Jackson e Katherine Boles. Elas descobriram que a retórica muitas vezes associada à visão que o público tem da escola está indiscutivelmente em desacordo com as funções que se pediam aos professores para desempenhar em seus cargos. Por exemplo, as escolas são incumbidas de preparar as crianças para a idade adulta, mas os professores mesmos eram tratados como incapazes de fazer julgamentos maduros; as escolas recebem a responsabilidade de estimular o senso de autonomia e de confiança nos alunos, mas os professores, nesse estudo, eram constantemente fiscalizados, dentro de uma rede de vigilância administrativa, sugerindo que nem mereciam confiança nem podiam trabalhar autonomamente; exige-se que as escolas criem cidadãos capazes de ponderar as implicações de suas ações numa sociedade democrática e, no entanto, esses professores executavam seu trabalho dentro de uma rede de relações de trabalho rigidamente hierarquizada e sexista; pior ainda, exigia-se que ensinassem as crianças a assumir riscos, a pesar alternativas e a exercer julgamento independente, enquanto eles eram restritos a práticas didáticas que enfatizavam os aspectos repetitivos, mecânicos e técnicos do ensino e da avaliação.[44]

É importante que se realce vigorosamente que os professores não podem assumir o papel de intelectuais críticos dedicados a uma pedagogia da alfabetização e da voz, a não ser que existam as condições ideológicas e materiais adequadas para dar sustentação a esse papel. Essa batalha deve ser travada não apenas quanto à questão de *que e como* ensinar, mas também quanto às *condições materiais* que possibilitam e dificultam o trabalho pedagógico. É uma consideração tanto teórica quanto prática a que os professores radicais têm de recorrer como parte de uma teoria de alfabetização crítica e voz. Não se pretende que a enorme dimensão política de tal tarefa leve os professores ao desespero, mas, ao contrário, que lhes proponha que, lutando por condições que apoiem o ensino participativo, a escrita e a pesquisa coletivas e o planejamento democrático, os professores começarão a fazer as necessárias incursões para a abertura de novos espaços para o discurso e a ação criativos e reflexivos. Nunca será demais enfatizar a importância de criar esse tipo de discurso crítico e as condições que lhe dão sustentação. Pois somente dentro de um discurso como esse e das condições práticas necessárias para concretizar seus interesses é que se pode desenvolver uma pedagogia emancipadora, pedagogia que relacione linguagem e poder, que leve a sério as experiências populares como parte do processo de aprendizagem, que combata a mistificação e que ajude os alunos

---

[44] Katherine Boles, Sara Freedman e Jane Jackson, "The Other End of the Corridor: The Effect of Teaching on Teachers". *Radical Teacher*, 23, 1983, pp. 2-23.

a reordenar a experiência bruta de suas vidas por meio das perspectivas abertas por abordagens da aprendizagem baseadas no modelo de alfabetização crítica proposto por Freire e Macedo.

Naturalmente, enquanto as escolas não possam ser feitas de molde a *empower* professores e alunos, os educadores precisam compreender a crise ideológica e política atual que envolve a finalidade da escola pública. Como parte da atual investida política contra os serviços públicos e a justiça social em geral, as escolas estão sendo, cada vez mais, subordinadas aos ditames dos interesses neoconservadores e de direita que, de bom grado, fariam dela anexos do local de trabalho ou da igreja. Numa sociedade democrática, as escolas jamais poderão ser reduzidas a armazéns de grandes companhias ou a campos de treinamento para cristãos fundamentalistas. Nesta época em que a democracia muitas vezes parece estar recuando, é preciso que as escolas sejam recuperadas, e que se lute por elas como esferas públicas democráticas. Mais especificamente, os educadores progressistas devem unir-se e com membros de outros movimentos sociais para lutar pela importância e pela prática da alfabetização crítica, como parte do processo indispensável de formação do indivíduo e da sociedade necessária à criação de formas de vida pública essenciais ao desenvolvimento e à manutenção de uma democracia radical. Isso sugere não só um novo plano em torno do qual desenvolver a reforma da escola pública, mas também um plano para a vinculação de grupos políticos progressistas divergentes. A alfabetização é indispensável a todos os aspectos da teoria crítica e da práxis radical, e deve proporcionar a base para voltar a injetar o pedagógico dentro do significado da política. Freire e Macedo devem ser enaltecidos por nos oferecerem neste livro uma visão da alfabetização e da voz que demonstra e afirma a importância da escola como parte da luta pela expansão das possibilidades humanas dentro de um discurso que propõe novas questões, revela a importância da solidariedade democrática e propõe a prioridade de uma lógica que dignifica a importância da democracia radical e da justiça social.

Henry A. Giroux
Universidade de Miami
Oxford, Ohio

1
Repensando a alfabetização:
um diálogo

Macedo: A ideia de alfabetização emancipadora sugere duas dimensões da alfabetização. Por um lado, os alunos devem alfabetizar-se quanto às próprias histórias, a experiências e à cultura de seu meio ambiente imediato. Por outro lado, devem também apropriar-se dos códigos e culturas das esferas dominantes, de modo que possam transcender a seu próprio meio ambiente. Muitas vezes, há enorme tensão entre essas duas dimensões da alfabetização. Como pode a alfabetização emancipadora lidar eficientemente com essa tensão de modo a não sufocar nenhuma dessas dimensões? E como lidar com a consciência ou a subjetividade dos educandos?

Freire: Comecemos pelo fim: a consciência é gerada na prática social de que se participa. Mas tem, também, uma dimensão individual. Minha compreensão do mundo, meus sonhos sobre o mundo, meu julgamento a respeito do mundo, tendo, tudo isso, algo de mim mesmo, de minha individualidade, tem que ver diretamente com a prática social de que tomo parte e com a posição que nela ocupo. Preciso de tudo isso para começar a perceber como estou sendo. Não me compreendo se trato de me entender à luz apenas do que penso ser individualmente ou se, por outro lado, me reduzo totalmente ao social. Daí a importância da subjetividade. Mas não posso separar minha subjetividade da objetividade em que se gera.

Quando, em sua pergunta, indaga sobre como lidar com a dimensão individual da consciência social, você sublinha a tensão que experimentamos sempre entre o individual e o social. Creio que uma educação crítica, uma educação nos moldes do que Henry Giroux chama de pedagogia radical, deve considerar esta tensão trabalhando-a seriamente.

Tem-se que aprender a lidar com esta relação. Ao formular uma teoria da educação, não se deve negar o social, o objetivo, o concreto, o material nem acentuar apenas o desenvolvimento da consciência individual. Ao compreender o papel da objetividade, deve-se, igualmente, estimular o desenvolvimento da dimensão individual.

Voltemos ao primeiro momento de sua pergunta, que envolve igualmente tensão. A tensão que resulta do encontro ou desencontro entre o mundo do educador e o mundo dos educandos, não importa se sejam estes meninos ou adultos.

Se, de um lado, cometeria um grande erro, o educador progressista que, em nome do respeito à cultura, à identidade cultural dos educandos, reduzisse sua prática político-educativa a um *basismo*, sempre míope, a um *focalismo*, sempre alienante, não menos míope e alienante seria a prática educativa que, autoritária e arrogante, menosprezasse, como coisa imprestável, o saber popular, a linguagem popular, os sonhos do povo. Não é possível superar a ingenuidade, o senso comum, sem "assumi-los". Já disse uma vez e vale a pena repetir: ninguém chega *lá* partindo de *lá*, mas *daqui*.

MACEDO: A questão fundamental é como lidar com a consciência individual, como ela é enfatizada na alfabetização emancipadora, quando essa consciência pode estar em contraposição à consciência social coletiva.

FREIRE: Examinando os vários modos de viver e de ser, legitimados numa sociedade tão complexa como a dos Estados Unidos, encontra-se, por exemplo, um inegável gosto pelo individualismo. Porém, o gosto que cada pessoa demonstra pelo individualismo é a expressão particular de uma consciência social dessa pessoa.

MACEDO: Isso é parte da questão que eu queria propor: como pode alguém desenvolver uma consciência crítica sem contemplar o conceito da realidade da consciência social? Ou seja, será possível evitar o embate permanente que existe entre a consciência individual e a consciência coletiva?

FREIRE: Se se tomar o tratamento individualista da dimensão social, uma prática educativa torna-se crítica quando um educador, como Henry Giroux ou Stanley Aronowitz, ou você, tem um diálogo com os alunos e os desafia metodicamente a descobrir que uma postura crítica implica necessariamente o reconhecimento da relação entre objetividade e subjetividade. Eu a chamaria de crítica, porque, em muitos casos, os indivíduos ainda não se terão percebido como sendo socialmente condicionados.

Quando desafiados por um educador crítico, os alunos começam a compreender que a dimensão mais profunda de sua liberdade encontra-se precisamente no reconhecimento das coerções que podem ser superadas. Então descobrem, no processo de se tornarem cada vez mais críticos, que é impossível negar o poder constitutivo de sua consciência na prática social de que participam. Por outro lado, percebem que, mediante sua consciência, ainda que não seja ela a artifície todo-poderosa de sua realidade social, eles transcendem a realidade estabelecida e a questionam. Essa diferença de comportamento leva o indivíduo a se tornar cada vez mais crítico; isto é, os alunos assumem uma postura crítica na medida em que compreendem como e o que constitui a consciência do mundo.

MACEDO: O pressuposto dessa postura crítica põe fim à tensão que discutimos antes?

FREIRE: De modo algum. A tensão continua. Mas, para mim, uma pedagogia perfeitamente definida pode acentuar a presença dessa tensão. Contudo, o papel mais importante da pedagogia crítica não é terminar com as tensões. O papel mais importante da pedagogia crítica é levar os alunos a reconhecer as diversas tensões e habilitá-los a lidar com elas eficientemente. Tentar negar essas tensões acaba por negar o próprio papel da subjetividade. A negação da tensão significa a ilusão de ter superado essas tensões quando, na verdade, elas estão apenas ocultas.

Não podemos existir fora de uma interação de tensões. Mesmo aqueles que vivem passivamente não escapam a certa dose de tensões. Frequentemente, há uma recusa de tensões, mas essas tensões devem ser, de um lado, aceitas, de outro, compreendidas na sua razão de ser. De fato, creio que uma tarefa da pedagogia radical é esclarecer a natureza das tensões e a maneira de melhor lidar com elas.

MACEDO: Um programa de alfabetização crítica, que papel pode desempenhar no inter-relacionamento entre o discurso produtivo, o texto e o discurso oral?

FREIRE: É impossível levar avante meu trabalho de alfabetização, ou compreender a alfabetização (e aqui tenho de me repetir, pois não tenho um modo melhor de responder à sua pergunta), separando completamente a leitura da palavra da leitura do mundo. Ler a palavra e aprender como escrever a palavra, de modo que alguém possa lê-la depois, são precedidos do aprender como "escrever" o mundo, isto é, ter a experiência de mudar o mundo e de estar em contato com o mundo.

MACEDO: Como você desenvolve especificamente a consciência do mundo no processo de alfabetização?

FREIRE: A consciência do mundo constitui-se na relação com o mundo; não é parte do eu. O mundo, enquanto "outro" de mim, possibilita que eu me constitua como "eu" em relação a "você". A transformação da realidade objetiva (o que chamo de "escrita" da realidade) representa exatamente o ponto a partir do qual o animal que se tornou humano começou a "escrever" história. Isso teve início no momento em que as mãos, liberadas, começaram a ser usadas de maneira diferente. À medida que essa transformação tinha lugar, a consciência do mundo "contatado" ia-se constituindo. Precisamente essa consciência do mundo, tocado e transformado, é que gera a consciência do eu.

Durante muito tempo, esses seres, que estavam se fazendo, "escreveram" o mundo mais do que falaram o mundo. Tocavam diretamente o mundo e agiam diretamente sobre ele, antes de falarem a seu respeito. Algum tempo mais tarde, no entanto, esses seres começaram a falar a respeito do mundo transformando-se. E começaram a falar a respeito dessa transformação. Depois de outro longo período de tempo, esses seres começaram a registrar graficamente a fala a respeito da transformação. A leitura do mundo precede mesmo a leitura da palavra. Os alfabetizandos precisam compreender o mundo, o que implica falar a respeito do mundo.

O exercício da oralidade é fundamental na prática da alfabetização, mesmo que ocorra numa cultura como a dos Estados Unidos, por exemplo, cuja memória é preponderantemente escrita, e não oral como a da África, ou preponderantemente oral, como a nossa. Considerando esses diversos momentos, que ocorreram no passar de milênios, e considerando também a experiência moderna, não é viável separar o processo de alfabetização dos processos educativos gerais. Não é viável separar a alfabetização do processo produtivo da sociedade. O ideal é uma abordagem concomitante, em que a alfabetização evolua em diversos ambientes, tais como o local de trabalho. Porém, mesmo quando a alfabetização não pode ocorrer em diversos ambientes, julgo impossível dicotomizar o que ocorre no processo econômico do que se discute com e se ensina aos alfabetizandos.

Finalmente, uma alfabetização crítica, sobretudo uma pós-alfabetização, não pode deixar de lado as relações entre o econômico, o cultural, o político e o pedagógico.

MACEDO: Por falar em produção cultural, gostaria de lhe perguntar a respeito da relação entre educação, inclusive alfabetização, e cultura. Contudo, temos que levar em conta a existência de várias definições de cultura. Por "cultura" não quero dizer aquilo que é representativo dos elementos dominantes da elite, isto é, cultura com C maiúsculo. A cultura não é um sistema autônomo, mas sim um sistema caracterizado por estratificação e tensões sociais. Para ser preciso, tenho em mente a definição de cultura de Richard Johnson, que contém as três premissas principais seguintes:

1. Os processos culturais estão intimamente ligados às relações sociais, especialmente às relações de classe e às formações de classe, com divisões sexuais, com a estruturação racial das relações sociais e com as opressões da idade como forma de dependência.
2. A cultura implica poder e contribui para produzir assimetrias nas capacidades do indivíduo e de grupos sociais para definir e concretizar suas necessidades.
3. A cultura não é autônoma nem um campo externamente determinado, mas um local de diferenças e lutas sociais.[45]

Dado o leque de fatores que interagem na produção e reprodução cultural, de que modo uma alfabetização emancipadora pode transcender as barreiras de classe social para ter contato com todos esses outros fatores relacionados com a cultura? Além disso, você poderia falar também sobre a educação em geral e a alfabetização em particular como fatores de cultura?

FREIRE: A alfabetização e a educação, de modo geral, são expressões culturais. Não se pode desenvolver um trabalho de alfabetização fora do mundo da cultura, porque a educação é, por si mesma, uma dimensão da cultura. Parece-me fundamental, porém, na prática educativa, que os educadores não apenas reconheçam a natureza cultural do seu *quefazer*, mas também desafiem os educandos a fazer o mesmo reconhecimento. Reconhecer, contudo, a natureza cultural da educação não significa abençoar toda expressão cultural, mas reconhecer que a própria luta pela superação do que Amílcar Cabral chamava "fraquezas da

---

[45] Richard Johnson, "What is Cultural Studies Anyway?". *Angistica*, 26, n. 1 e 2, 1983.

cultura" passa pela assunção da própria fraqueza. Daí que a educação deva tomar a cultura que a explica, pelo menos em parte, como objeto de uma cuidadosa compreensão, com o que a educação se questiona a si mesma. E quanto mais se questiona na cultura e na sociedade em que se dá, tanto mais se vai tornando claro que a cultura é uma totalidade atravessada por interesses de classe, por diferenças de classe, por gostos de classe.

Na sociedade brasileira, por exemplo, não se pode negar que existem determinados padrões comportamentais característicos do comportamento de diferentes classes sociais. O paladar, por exemplo, que também é cultural, é fortemente condicionado pelos limites de classes sociais.

MACEDO: Não foi minha intenção centrar a atenção apenas sobre as classes sociais na produção e reprodução culturais. Creio que se devem investigar outras influências culturais na educação.

FREIRE: Mesmo quando uma pedagogia procura influenciar outros fatores que não podem ser explicados estritamente por uma teoria de classe, ainda assim se tem que levar em conta a questão das classes sociais.

Isso posto, devemos ainda reconhecer que as classes sociais existem e que sua presença é contraditória. Ou seja, a existência de classes sociais provoca um conflito de interesses. Provoca e dá forma a modos culturais de ser e, por isso, gera expressões contraditórias de cultura.

Em geral, os segmentos dominantes de qualquer sociedade falam de seus interesses particulares, de seus gostos, de seus estilos de vida, que encaram como expressões concretas da nacionalidade. Assim, os grupos subalternos, que possuem seus próprios gostos e estilos de vida, não podem falar de seus gostos e estilos como expressões nacionais. Falta-lhes o poder político e econômico para fazê-lo. Só os que têm poder podem generalizar e estabelecer que as características de seu grupo são representativas da cultura nacional. Assim estabelecendo, o grupo dominante necessariamente deprecia todas as características pertencentes aos grupos subalternos, características que se desviam dos padrões estabelecidos.

Isso é especialmente interessante quando se compreende a assimetria gerada pelas instituições sociais e quão importante é o papel dos programas de alfabetização crítica para a desmistificação dos parâmetros artificiais impostos ao povo. A alfabetização crítica deve explicar a validade dos diversos tipos de música, de poesia, de linguagem e de visão do mundo.

Desse ponto de vista, a classe dominante, que possui o poder de definir, caracterizar e descrever o mundo, começa a declarar que a fala habitual dos grupos subalternos é uma forma corrompida, um abastardamento do discurso dominante. Nesse sentido é que os sociolinguistas estão dando uma contribuição considerável para a desmistificação dessas noções. O que eles mostram é que, cientificamente, todas as línguas são válidas, sistemáticas, sistemas normatizados, e que a distinção inferioridade/superioridade constitui um fenômeno social. Uma língua se desenvolve até o ponto em que atinge determinada estabilidade em determinada área e na medida em que é utilizada para a compreensão e expressão do mundo pelos grupos que a usam.

Não se pode, pois, compreender e analisar uma linguagem sem uma análise de classe. Muito embora possamos ter de ultrapassar as fronteiras de classe para compreender determinadas propriedades universais da linguagem, não devemos nem reduzir a pesquisa da linguagem a uma compreensão mecânica nem reduzi-la apenas à análise de classes sociais. Mas temos que fazer com que esta última obtenha uma visão global do sistema total que se esteja investigando.

Penso que todos nós, em última análise, falamos a mesma linguagem (no sentido abstrato) e expressamo-nos de modos diferentes.

Isso tem a ver com a pergunta que você me fez relativa aos diferentes discursos. Se se tomar o caso brasileiro, há o tipo de linguagem falado pela classe dominante e outros tipos falados pelos operários, camponeses e grupos semelhantes. Essas são parte da ideia abstrata que chamamos português do Brasil. Isto não é língua como abstração, mas língua como sistema concreto falado por diversos grupos. Por isso, é importante compreender essas diferentes variedades de linguagem. Elas implicam gramáticas diversas e representações sintáticas e semânticas diversas, condicionadas e explicadas pelas pessoas em posições diferenciadas em relação às forças de produção.

A língua também é cultura. Ela é a força mediadora do conhecimento; mas também é, ela mesma, conhecimento. Creio que tudo isso passa também através das classes sociais. Uma pedagogia crítica propõe essa compreensão cultural dinâmica e contraditória, e a natureza dinâmica e contraditória da educação como um objeto permanente de curiosidade por parte dos educandos. Encontramos, em geral, uma apreciação simplista relativamente a esses fenômenos. É como se tudo já estivesse sabido e estabelecido pelos grupos dominantes. Como se tudo que tem lugar no nível da cultura não tenha nada a ver com outros discursos, tais como o discurso da produção. Uma pedagogia será tanto mais crítica e radical, quanto mais ela for investigativa e menos certa de "certezas". Quanto mais "inquieta" for uma pedagogia, mais crítica ela se tornará.

Uma pedagogia preocupada com as incertezas que se radicam nas questões que discutimos é, pela própria natureza, uma pedagogia que exige investigação. Assim, essa pedagogia será muito mais uma pedagogia da pergunta do que uma pedagogia da resposta.

MACEDO: Falemos sobre a alfabetização como a "linguagem do possível" que torna possível que os educandos reconheçam e compreendam suas próprias vozes em meio a uma multidão de discursos com os quais têm que lidar. Como pode uma alfabetização emancipadora garantir a legitimação do discurso de alguém, o qual pode estar numa relação de tensão com outros discursos? Isto é, se a alfabetização emancipadora requer que se louve o discurso de alguém, haverá inevitavelmente discursos concorrentes, todos com a mesma meta em mente. Será possível que haja espaço suficiente dentro de um esforço de alfabetização emancipadora que possibilite que os educandos se apropriem de seus próprios discursos e, simultaneamente, avancem para além deles, de modo a desenvolver competência e desenvoltura ao lidar com outros discursos? Quais os papéis que o discurso do negro norte-americano, o discurso das mulheres e o discurso de grupos étnicos desempenham no processo de alfabetização emancipadora?

Freire: Essa questão transcende a uma compreensão mecânica e estrita do ato de ler, isto é, o ato de aprender a palavra de modo a poder, a seguir, lê-la e escrevê-la. Essa questão traz consigo um sonho que vai além da expectativa de apenas aprender a ler a palavra. Sua pergunta implica uma compreensão profunda do ato de ler. Respeitar os diferentes discursos e pôr em prática a compreensão de pluralidade (a qual exige tanto crítica e criatividade no ato de dizer a palavra, quanto no ato de ler a palavra) exige uma transformação política e social.

Sua pergunta faz-me lembrar de meu sonho de uma sociedade diferente, na qual dizer a palavra seja um direito fundamental e não simplesmente um hábito, no qual dizer a palavra seja o direito de tornar-se partícipe da decisão de transformar o mundo. Dessa perspectiva, ler a palavra que alguém diz pressupõe a reinvenção da sociedade atual. A reinvenção da sociedade, por outro lado, exige a reinvenção do poder. Um projeto político que sonhe apenas com a tomada do poder e a substituição de uma classe por outra não é suficiente.

A questão é o papel da subjetividade na transformação da história. Para mim, a transformação histórica, que é parte de sua pergunta, é mais importante do que a tomada do poder. Não devemos estar preocupados com o simples deslocamento do poder de um grupo para outro. É necessário compreender que, ao tomar o poder, é preciso transformá-lo. Essa recriação e reinvenção do poder passa necessariamente pela reinvenção do ato produtivo. E a reinvenção do ato produtivo tem lugar na medida em que o discurso do povo se legitima em termos dos desejos, decisões e sonhos das pessoas, e não meramente de palavras vazias.

O discurso, como ato transformador, começa a assumir uma participação ativa e decisiva relativamente a o que produzir e para quem. A reinvenção do poder que passa pela reinvenção da produção não pode ter lugar sem a amplificação das vozes que participam do ato produtivo. Em outras palavras, o povo, e não simplesmente uma minoria de especialistas, teria de decidir sobre o que produzir, com base em necessidades reais, e não em necessidades inventadas que, afinal de contas, beneficiam apenas o grupo dominante.

A reinvenção da produção, sem a qual não haveria reinvenção do poder, estimularia a reinvenção da cultura e, com a desta, necessariamente a da linguagem. Por que a maioria do povo está, atualmente, reduzida ao silêncio? Por que tem de abafar seu próprio discurso? Quando são chamados a ler, por que leem apenas o discurso dominante? Os programas de alfabetização em geral oferecem ao povo o acesso a um discurso predeterminado e preestabelecido, enquanto silenciam sua própria voz, a qual deve ser amplificada na reinvenção da nova sociedade com a qual eu sonho. A reinvenção do poder, que passa pela reinvenção da produção, traria consigo a reinvenção da cultura, dentro da qual se criariam ambientes para incorporar, de maneira participativa, todos aqueles discursos que atualmente estão sufocados pelo discurso dominante.

A legitimação desses diversos discursos legitimaria a pluralidade de vozes na reconstrução de uma sociedade verdadeiramente democrática. Então, nessa sociedade imaginada, a compreensão do ato de ler e do ato de escrever forçosamente mudaria. A compreensão atual da alfabetização também teria que mudar. Por definição, haveria verdadeiro respeito por aqueles educandos que ainda não se acostumaram a dizer a palavra para lê-la. Esse respeito implica a compreensão e a apreciação das muitas contribuições que os que não leem dão à sociedade em geral.

Você me disse, Donaldo, que muitas vezes se choca ao saber que alguns povos africanos, por exemplo, que lutaram magnificamente para reapropriar-se de sua cultura e expulsar os colonizadores, são depois depreciados pelas novas lideranças, por não saberem ler a palavra. Qualquer povo que pode, corajosamente, romper os grilhões do colonialismo, pode também ler a palavra com muita facilidade, desde que a palavra lhe pertença. Seus novos líderes erram por não reconhecer que, na luta pela libertação, esses povos estavam envolvidos num verdadeiro processo de "alfabetização", pelo qual aprenderam a ler sua história, a qual, durante sua luta pela libertação, também escreveram. Esse é um modo fundamental de escrever a história, sem escrever palavras. É chocante que, muito embora tenham sido bem-sucedidos no aspecto mais difícil da "alfabetização", "ler e escrever" o próprio mundo, foram menosprezados nesse aspecto muito mais fácil, que implica ler e escrever a palavra. Sua pergunta acentua o aspecto profundamente político da alfabetização, o que me leva a perceber que o que você menciona como "a linguagem do possível" deve basear-se no respeito às possibilidades existentes.

Outro ponto levantado por sua pergunta é o do direito a múltiplas vozes. Tomando a América Latina como exemplo, pensemos nas chamadas populações indígenas. Essas populações estavam ali antes da chegada dos brancos. Assim sendo, a população branca entrou em contato com uma civilização tradicional que já tinha sua própria voz ou vozes. Essas populações têm o direito às vozes que foram silenciadas pela invasão hispano-portuguesa. Qualquer projeto de alfabetização para essas populações teria, necessariamente, de passar pela leitura da palavra em suas línguas nativas. Essa alfabetização não pode exigir que a leitura da palavra seja feita na língua dos colonizadores.

Se antevemos uma possível revolução nessas sociedades, temos que abrir espaço para que a alfabetização do possível tenha lugar. Lembro-me vivamente de uma conversa com Fernando Cardenal e Ernesto Cardenal, na Nicarágua, na qual ambos expressavam sentimentos semelhantes aos que aqui expomos. Falaram longamente sobre os índios mosquito. Ambos consideravam que, em qualquer campanha de alfabetização, a cultura mosquito devia ser plenamente respeitada. Julgavam, também, que a língua dos mosquito teria que ser um elemento fundamental no processo de alfabetização. Um programa de alfabetização que rejeita a pluralidade de vozes e de discursos é autoritário, antidemocrático.

MACEDO: Você pode se estender sobre as maneiras como as subjetividades se constituem nas escolas? Isto é, as maneiras como as escolas influenciam e moldam as ideologias, as personalidades e as necessidades dos alunos?

Freire: Em primeiro lugar, eu diria que as escolas realmente não criam a subjetividade. A subjetividade funciona dentro das escolas. As escolas podem reprimir, e de fato o fazem, o desenvolvimento da subjetividade, como no caso da criatividade, por exemplo. Uma pedagogia crítica não deve reprimir a criatividade dos alunos (a repressão à criatividade vem sendo uma verdade no correr de toda a história da educação). A criatividade precisa ser estimulada, não só no nível de individualidade do aluno, mas também no nível de sua individualidade num contexto social. Em vez de sufocar esse ímpeto de curiosidade, os educadores deveriam estimular o arriscar-se, sem o qual não existe criatividade. Em vez de reforçar as repetições puramente mecânicas de frases e de listas de fatos ou acontecimentos, os educadores deveriam estimular os alunos a duvidar.

As escolas não deveriam jamais impor certezas absolutas aos alunos. Deveriam estimular a certeza de nunca estar certo o bastante, método essencial para a pedagogia crítica. Os educadores deveriam também estimular as possibilidades de expressão, a capacidade de correr risco. Deveriam desafiar os alunos a discorrer sobre o mundo. Os educadores jamais deveriam negar a importância da tecnologia, mas não deveriam reduzir a aprendizagem a uma compreensão tecnológica do mundo.

Podemos conceber, aqui, duas posições que são falsas. A primeira seria simplificar ou negar a importância da tecnologia, associar todos os processos tecnológicos a um concomitante processo desumanizador. Na verdade, a tecnologia representa a criatividade humana, a expressão da necessidade do risco. Por outro lado, não se deve cair numa negação do humanismo.

O mundo não é feito de certezas. Mesmo que fosse, jamais saberíamos se algo era realmente certo. O mundo é feito da tensão entre o certo e o incerto. O tipo de pedagogia crítica que eu defendo não é fácil de atingir-se numa sociedade como a dos Estados Unidos, que conseguiu, historicamente, um extraordinário progresso em tecnologia e em produção de capital. Esse progresso extraordinário deu origem a uma série de mitos, entre os quais o mito da tecnologia e da ciência. Os educadores devem assumir uma posição científica que não seja cientificista, uma posição tecnológica, que não seja tecnicista.

MACEDO: De que modo essa pedagogia crítica pode estimular basicamente a influência da subjetividade em termos do desenvolvimento da criatividade, da curiosidade e das necessidades dos alunos? Em sociedades tecnologicamente avançadas torna-se muito mais difícil evitar capitular aos mitos a que você se referiu, mitos que podem desencorajar o possível papel das subjetividades dos alunos.

FREIRE: Sim, mas ao mesmo tempo essas sociedades estimulam o papel da individualidade, isto é, a individualidade dentro de um quadro de referência "individualista". Este quadro de referência individualista, no final das contas, também nega a subjetividade. Este é um fenômeno curioso, e precisamos compreendê-lo dialeticamente. Pode parecer que uma posição que seja profundamente individualista acabaria por estimular e respeitar o papel da ação humana. Na verdade, nega todas as dimensões da ação humana. Por que a posição individualista acaba por trabalhar contra o verdadeiro papel da ação humana? Porque a única subjetividade real é aquela que enfrenta sua relação contraditória com a objetividade.

E o que defende a posição individualista? Ela dicotomiza o individual e o social. Geralmente isso não se pode concretizar, uma vez que não é viável fazê-lo. Não obstante, a ideologia individualista acaba por negar os interesses sociais, ou submete os interesses sociais aos interesses individualistas.

A compreensão do social é sempre determinada pela compreensão do individual. Nesse sentido, a posição individualista atua contra a compreensão do verdadeiro papel da ação humana. A ação humana só tem sentido e prospera quando se compreende a subjetividade em sua relação dialética, contraditória e dinâmica com a objetividade, da qual ela provém.

Isso leva a um enorme problema para a pedagogia crítica em sociedades tecnologicamente avançadas. Um método que pode ser experimentado pelo educador crítico é o que você e eu estamos fazendo agora, empregando a discussão como uma tentativa de nos desafiarmos, de modo a podermos compreender a relação entre subjetividade e objetividade e, em última análise, podermos compreender o enorme e inegável papel da ciência e da tecnologia e, também, podermos compreender o arriscar-se, inerente a uma vida humanizada. Esse tipo de discurso é um método que o educador crítico pode utilizar para desmistificar toda uma rede de mitologia: o mito de que não se deve perder tempo, por exemplo. Que significa perder tempo? Deve-se evitar perder tempo apenas para ganhar dinheiro? Ou significa que não se deve perder tempo ganhando dinheiro? Que é perder tempo e que é ganhar tempo? Finalmente, o trabalho de um educador de uma perspectiva crítica e radical é o trabalho de desvendar as dimensões profundas da realidade que se ocultam sob esses mitos.

MACEDO: Frequentemente você menciona o papel de sujeito que deve ser assumido pelos alunos. Essa sua preocupação leva-nos à maneira pela qual Giroux trata do que chama de "ação humana". O que você pensa sobre o papel da ação humana na sociedade dominante com respeito à relação complexa entre campanhas de alfabetização em particular e educando em geral?

FREIRE: Esse é um dos temas centrais de uma pedagogia radical. É um tema que tem acompanhado a história do pensamento e dividido as diversas posições conforme as respostas oferecidas. Para mim, esse tema é mais uma profunda questão para o final do século.

Sua pergunta me faz lembrar de uma afirmação de Marx. Ao mencionar a construção da história, ele diz que o homem faz a história com base nas condições concretas que encontra. Evidentemente, não é de um sonho legítimo que se deve libertar uma classe dominada, por exemplo. E das condições concretas ou, mais precisamente, da relação entre o concreto e o possível.

Uma geração herda condições concretas numa dada sociedade. A partir dessa situação concreta, histórica, é que uma geração considera possível dar sequência à continuidade da história. Contudo, a geração atual tem que trabalhar e aperfeiçoar para a transformação das atuais condições concretas, porque, sem esse esforço, é impossível construir o futuro. Se as condições atuais são fundamentais, o presente não contém em si o futuro.

Por essa razão, o presente é sempre um momento de possibilidade (como diz tão vigorosamente Giroux em sua introdução a *The Politics of Education*). Creio que Giroux compreende perfeitamente isso quando afirma que fora do presente é impossível fazer história. Isto é, a construção da história tem que tomar em consideração o presente que vem de um determinado passado, as linhas básicas desse presente que demarcam a construção da história. Quando Giroux diz que o presente é "possibilidade", não determinismo, está situando a ação humana de um modo essencial, porque na relação entre a subjetividade e a objetividade do presente encontra-se o inegável papel da subjetividade.

Se a subjetividade fosse sempre o resultado de transformações históricas, então, ironicamente, a objetividade se tornaria o sujeito da subjetividade transformadora. Na medida em que Giroux diz que este presente é um presente de possibilidade, ele está propondo a questão do papel da ação humana e isso é importante para qualquer pedagogia crítica, radical.

MACEDO: Seguindo a exposição de Giroux sobre a expansão de oportunidades das esferas públicas para o cultivo dos princípios democráticos, em que medida você pensa que se pode esperar que áreas tais como sindicatos, Igreja e movimentos sociais venham a desempenhar um papel compatível com os objetivos da pedagogia crítica?

FREIRE: Um educador que não se desenvolve, que não considera as reflexões e as exigências de Giroux, perdeu o contato com sua época. No Brasil tenho enfatizado a perspectiva de Giroux, utilizando uma terminologia aparentemente um pouco diferente. Por exemplo, tenho insistido em que uma educação radical e crítica deve atentar para o que se está passando, hoje em dia, dentro dos diversos movimentos sociais e sindicatos. Os movimentos femininos, os movimentos pacifistas e outros movimentos desse tipo, que exprimem resistência, geram, com suas práticas, uma pedagogia de resistência. Mostram-nos que é impossível pensar a educação reduzida estritamente ao ambiente escolar. Nem sempre se pode negar a possibilidade das escolas, mas temos que reconhecer que, historicamente, há épocas em que o ambiente escolar proporciona mais ou menos oportunidades.

Eu diria que, em vinte anos de regime militar no Brasil, houve momentos em que havia graves repercussões se alguém rejeitasse a ideologia dominante. Houve momentos em que as escolas estiveram totalmente fechadas a qualquer forma de pedagogia crítica. O período dos anos 1970, quando a maioria dos países latino-americanos (por exemplo, o Uruguai, o Chile, a Argentina) estava submetida a ditaduras militares, coincidiu com o surgimento das teorias parisienses da reprodução, originárias da obra de Pierre Bourdieu. Essas teorias levaram inúmeros educadores latino-americanos a negar as possibilidades da utilização do ambiente escolar para promover uma educação de resistência.

Nos últimos quatro anos, mais ou menos, com as mudanças sociais e políticas na América Latina — a busca da redemocratização do Brasil, por exemplo, ou a luta pela libertação da Nicarágua — tem havido certa segurança quanto ao restabelecimento do uso do espaço institucional para a experimentação no desenvolvimento de uma pedagogia crítica.

Penso, contudo, que, mesmo hoje em dia, num momento em que a utilização das escolas é possível para contrapor-se à introdução das ideologias dominantes, é necessário reconhecer que os contextos não escolares são extremamente importantes para a produção pedagógica de resistência política e social. Com esse horizonte de esferas de resistência, agora os educadores que buscam a transformação têm opções. Alguns escolherão atuar em ambientes públicos fora das escolas. Outros preferirão atuar em seus campos especializados, nas escolas.

Não rejeito nenhuma das duas formas. O ideal seria estabelecer e avaliar a relação entre essas duas abordagens: a educação mais tradicional, estruturada e sistematizada, que tem lugar nas escolas, *versus* a abordagem mais dinâmica, livre e contraditória (ainda que mais criativa) no interior dos movimentos sociais. Uma questão que desenvolvi amplamente no livro que fiz com Antônio Faundez é a de que a compreensão dos educadores sobre o que hoje ocorre nesses movimentos sociais e nessas esferas de ação pública é essencial para a pedagogia crítica. As organizações políticas que não conseguirem aprender com os agentes desses movimentos populares também não conseguirão alcançar ressonância histórica e política. Aprender com eles, mas a eles igualmente algo ensinar.

Concordo plenamente com a opinião de Giroux relativa ao papel dos movimentos sociais na promoção dos princípios democráticos. A apreciação crítica feita por Giroux desses movimentos está centrada na percepção delas como órgão de discussão. Dentro dessas esferas públicas é que, de fato, os movimentos anti-hegemônicos se geraram. Para mim, o problema básico para os educadores e para os políticos que sonham com a mudança está em como apreender a luta, no sentido de gerar uma nova hegemonia que evolua a partir das manifestações e experiências dentro desses movimentos.

A tarefa de um educador crítico é aproximar-se do mundo real dessas esferas públicas e organismos sociais, para colaborar com eles. A colaboração mais importante de um educador seria avaliar os elementos teóricos dentro das práticas desses movimentos. O educador crítico deve fazer surgir a teoria implícita nessas práticas, de modo que as pessoas possam apropriar-se das teorias de sua própria prática. O papel do educador não é, pois, chegar ao nível dos movimentos sociais com teorias *a priori* para explicar as práticas que ali ocorrem, mas sim descobrir os elementos teóricos que brotam da prática.

2

ALFABETIZAÇÃO NA GUINÉ-BISSAU:
UM REENCONTRO

MACEDO: Por que você veio a interessar-se pelo problema do analfabetismo na Guiné-Bissau e, depois, a envolver-se com ele?

FREIRE: Começo dizendo que, mesmo antes de interessar-me pela campanha de alfabetização na Guiné-Bissau, já tinha um interesse muito grande na luta pela libertação do povo africano em geral. Acompanhei de perto, com grande curiosidade e felicidade ainda maior, a luta pela libertação em Moçambique, Angola, Cabo Verde, São Tomé e Príncipe e Guiné-Bissau, tendo sempre em mente a natureza distinta dessas várias lutas. As diferenças entre essas lutas eram evidentemente condicionadas pelos diversos contextos históricos e geográficos. Assim, mesmo antes da independência da Guiné-Bissau, já tinha um apego — tanto político quanto afetivo — por aquele país e seu heroico povo.

Exatamente esses vínculos culturais, políticos e afetivos com a África é que fomentaram meu interesse pela campanha de alfabetização da Guiné-Bissau. Como nordestino, estava de certo modo culturalmente ligado à África, especialmente àqueles países que foram colonizados por Portugal, como foi o Brasil.

Em 1970, ou 1971, fiz minha primeira viagem à África, à Tanzânia e à Zâmbia. Após ter chegado na Zâmbia, enquanto esperava no aeroporto por um voo doméstico que me levaria ao destino final, onde iria trabalhar com uma equipe educacional, chamaram-me pelo alto-falante, pedindo que me dirigisse ao balcão de informações. Lá me encontrei com um casal de norte-americanos que representavam o MPLA (Movimento Popular de Libertação de Angola), grupo de que participava Lara, figura política importante, não só em Angola, como em toda a África.

Os norte-americanos traziam uma proposta dos líderes do MPLA, e indagavam se eu não podia alterar meu voo de modo a poder passar um dia num encontro com alguns representantes do MPLA, que estavam muito interessados em falar comigo. Aceitei imediatamente. Aguardava com ansiedade encontrar-me com um grupo cujo trabalho pela libertação de seu povo sempre admirara e acompanhara de perto. Fomos para a casa dos norte-americanos, onde nos esperavam Lara e mais cinco militantes do MPLA.

Lara cumprimentou-me dizendo: "Camarada Paulo Freire, se você conhecesse meu país tanto quanto conheço sua obra, você conheceria Angola extremamente bem!" Conversamos a maior parte da tarde sobre a guerra em andamento (àquela altura, a luta pela libertação na Angola sofria alguns reveses) e, mais importante do que isso, discutimos longamente sobre o papel do trabalho de alfabetização na luta pela libertação. Discutimos, também, sobre as dificuldades de alfabetização em Moçambique e na Guiné-Bissau.

(A propósito, o Conselho Mundial de Igrejas, onde eu trabalhava, havia dado forte apoio a muitos movimentos africanos de libertação mesmo antes de minha participação. Não fui eu quem deu início ao envolvimento do Conselho Mundial com esses movimentos. O que fiz foi procurar fortalecer as relações já existentes.)

Além das preocupações políticas e militares do momento, Lara e eu analisamos a natureza do novo processo educativo que ocorria durante a luta, particularmente nas áreas que iam sendo libertadas. Discutimos a luta mesma como uma prática pedagógica. À noite, após o jantar, os membros do MPLA mostraram-me filmes documentários sobre a luta de libertação e sobre a experiência pedagógica ocorrida durante a luta. Esse encontro com líderes da libertação africana antecedeu meu envolvimento, e o da equipe de educadores com que trabalhava, na Guiné-Bissau. Sob certos aspectos, serviu-me de preparação para o que, posteriormente, viria a ser nossa contribuição educacional tanto à Guiné-Bissau quanto a Angola.

Depois de Zâmbia, fui para a Tanzânia. Testemunhei ali muitas das mesmas coisas que já vira em Zâmbia. Na Universidade da Tanzânia, fui abordado por um tanzaniano profundamente envolvido com a Frelimo (Frente de Libertação de Moçambique). Perguntou-me se aceitaria um convite para encontrar-me com representantes da Frelimo em Dar-es-Salaam. Aceitei. Entre os presentes, encontrava-se a viúva de Mondlame, o líder assassinado da Frelimo. O então Ministro da Educação de Moçambique também estava lá. Como com o pessoal do MPLA, em Zâmbia, mantivemos conversas sobre educação, seu papel e processos durante a libertação. Depois, fui convidado a visitar o campo de treinamento que o presidente da Tanzânia havia instalado para os combatentes da Frelimo. Dava-se formação intensiva a professores de alfabetização que, depois, iriam para Moçambique trabalhar nas campanhas de alfabetização que se realizavam ao mesmo tempo que a guerra de libertação. Importante destaque dessa formação era a ênfase sobre a não dicotomização entre as lutas pela liberdade e a alfabetização. No campo de treinamento encontrei educadores, entre os quais muitos europeus comprometidos com a luta de libertação, que estavam lá para ajudar.

Fiquei feliz de ver que o importante para os jovens europeus e africanos era a força ideológica que enformava a luta para restaurar o autorrespeito e a dignidade, que haviam sido usurpados por uma máquina colonial cruel e corrompida. Ficou claro para mim que aqueles jovens europeus estavam ao lado das massas populares de Moçambique, que lutavam por sua liberdade. Durante aquela reunião discutimos as técnicas e os métodos de alfabetização que estavam empregando.

A seguir, em janeiro de 1975, quando estava em Genebra, recebi uma longa carta de José Maria Nunes Pereira, professor brasileiro da Universidade Católica do Rio de Janeiro, na época trabalhando como coordenador do Centro de Estudos Africanos e Asiáticos na Universidade Cândido Mendes, também do Rio de Janeiro. O professor Pereira escreveu que, como coordenador de Estudos Africanos e Asiáticos, voltara recentemente da Guiné-Bissau, onde mantivera longa reunião com o Ministro da Educação, Mário Cabral, e com o presidente da Guiné-Bissau, Luís Cabral, irmão de

Amílcar Cabral, o fundador do PAIGC (Partido Africano para a Independência da Guiné e do Cabo Verde). Na carta, Pereira enfatizou que tanto o presidente quanto o Ministro da Educação haviam insistido com ele para que me perguntasse se aceitaria um convite para coordenar uma equipe de educadores na campanha de alfabetização da Guiné-Bissau. Essa campanha estaria centrada na alfabetização de adultos, mas incluiria também outras áreas da educação. Se eu estivesse interessado, deveria fazer contato com Mário Cabral.

Após receber a carta de Pereira, organizei uma reunião em minha casa com outros membros do IDAC (Instituto de Ação Cultural) para discutir a carta e a possibilidade de estabelecer um programa de colaboração com a Guiné-Bissau. Todos os companheiros do IDAC mostraram grande interesse em ajudar o programa da Guiné-Bissau. No dia seguinte, discuti também o convite com o Conselho Mundial de Igrejas. Minha intenção era traçar um plano, segundo o qual o Conselho Mundial e o IDAC trabalhariam em conjunto, estudando e planejando maneiras de melhor colaborar e enfrentar os desafios de erradicar o analfabetismo na Guiné-Bissau. Tanto o IDAC quanto o Conselho Mundial aceitaram minha proposta e, ainda em janeiro, escrevi a Mário Cabral. Nas primeiras linhas de minha carta, mencionei que recebera uma outra de alguém que havia estado na Guiné-Bissau. Por que não mencionei o nome do professor Pereira naquela carta? Naquela época, o Brasil tinha instalada uma máquina política extremamente repressiva. Meu próprio exílio ensinou-me a ser prudente quanto a citar nomes porque, sob a ditadura brasileira, poderia pôr em perigo a posição ou até mesmo a vida das pessoas.

Em continuação, escrevi: "A pessoa que me escreveu do Brasil discutiu com o senhor e com o presidente a possibilidade de organizar uma equipe de educadores com a qual colaboraria para o programa de alfabetização de adultos a se desenvolver na Guiné-Bissau. Sugeriu-me que lhe escrevesse para iniciar os entendimentos sobre como começar."

Em abril de 1975, dois meses e meio depois de escrever a Mário Cabral, ele me respondeu. Em abril, escrevi-lhe uma segunda carta, que começa assim:

"Caro camarada Mário Cabral: acabo de receber sua carta, na qual você confirma o interesse do governo em nossa colaboração. Acho desnecessário estender-me a respeito de nossa satisfação ao receber essa confirmação, satisfação essa não só por parte dos membros do IDAC como também do Conselho Mundial de Igrejas."

Nessa segunda carta, propus algumas linhas de ação, entre as quais a possibilidade de se mandar alguém a Genebra para iniciar discussões sobre a situação educacional geral da Guiné-Bissau. Propuséramos que Mário Cabral fosse a Genebra. Agora me dou conta de que ele provavelmente estaria muito ocupado para aceitar nosso convite.

MACEDO: Você e sua equipe de educadores sustentaram, vocês mesmos, suas atividades educativas na Guiné-Bissau?

FREIRE: Ao responder a essa pergunta, posso desmentir certas críticas mesquinhas que algumas pessoas têm alimentado contra mim. Têm dito que ofereci doações enormes à Guiné-Bissau e assim comprei minha entrada no país. Em outras palavras, a Guiné-Bissau não estava realmente interessada em nossa colaboração com a campanha de alfabetização, mas não podia recusar o dinheiro. Esse tipo de crítica ofende não só aqueles de nós que queríamos verdadeiramente contribuir para a reconstrução do sistema educacional, como também aqueles camaradas que lutaram heroicamente nas selvas da Guiné-Bissau para derrotar os colonialistas. Seria pouco provável que tivessem lutado durante doze anos para, no fim, venderem tão facilmente seus interesses diante de uma pequena oferta de ajuda financeira que pudéssemos ter feito. Mas deixemos de lado esse tipo de crítica e tentemos responder a sua pergunta.

Como já disse, o Conselho Mundial de Igrejas desempenhou um papel importante nos movimentos de libertação na África. O Conselho Mundial nunca deixou de dar assistência àqueles movimentos de libertação, mesmo em momentos difíceis no correr de suas lutas. Também tomou medidas no sentido de que as contribuições que oferecera durante a luta continuassem durante a reconstrução das novas sociedades, após se tornarem independentes das potências coloniais. Certamente não foi inapropriado que o Conselho Mundial levantasse cerca de 500 mil dólares para ajudar a campanha de alfabetização na Nicarágua, por exemplo. Fiz parte de uma equipe de educadores que participou dessa campanha na Nicarágua.

Mas o Conselho Mundial não limitou sua ajuda à Nicarágua e à Guiné-Bissau. Também ofereceu enorme quantia de ajuda a Angola, a Moçambique e a outros países. Assim, quando o departamento em que eu trabalhava no Conselho Mundial teve a oportunidade de contribuir com a Guiné-Bissau e assumiu um compromisso de proporcionar assistência técnica, aceitou, também, o compromisso financeiro disso decorrente. Ou seja, mesmo tendo pouco dinheiro, o departamento pagou meu salário toda vez que fui à Guiné-Bissau, como se eu estivesse em Genebra. O mesmo procedimento foi aplicado a minhas viagens a Angola, a São Tomé e a Cabo Verde. Mas o CCPD, um setor do Conselho Mundial que tratava de programas educativos e de desenvolvimento, tinha os recursos financeiros necessários para apoiar determinados projetos e programas educativos no Terceiro Mundo. O CCPD estava interessado no projeto na Guiné-Bissau, e o IDAC apresentou uma proposta buscando o apoio financeiro do CCPD.

Quando fui pela primeira vez à Guiné-Bissau, minhas despesas de viagem foram pagas pelo Setor de Educação. O resto da equipe que me acompanhou foi financiado pelo CCPD, ambos do Conselho Mundial de Igrejas. Após receber a carta de Pereira, escrevi a Mário Cabral na Guiné-Bissau, dizendo-lhe que aceitaria seu convite para reunir uma equipe de educadores a fim de trabalhar lá em alfabetização de adultos, mas que o governo não teria que pagar as despesas de viagem, salários e outros custos do grupo. Dadas as condições econômicas da recém-independente Guiné-Bissau, sabíamos que isso teria sido impossível. Concordando em oferecer assistência técnica para a campanha de alfabetização, queríamos tentar, o quanto possível, não sobrecarregar financeiramente um país já com dificuldades econômicas. Assim, foi estabelecido que a equipe do IDAC que iria à Guiné-Bissau continuaria a ser financiada por outras organizações.

O IDAC recebeu uma pequena doação para cobrir as despesas de uma viagem exploratória à Guiné-Bissau. Quando voltamos, falei bastante a respeito do trabalho que lá havíamos desenvolvido. A introdução às *Cartas à Guiné-Bissau* é um relato metodológico de nosso trabalho durante essa viagem. Como você vê, os objetivos do programa de alfabetização foram estabelecidos na Guiné-Bissau, não em Genebra, e foram desenvolvidos em grande parte por guineenses. Após delineado o programa, obtivemos mais apoio financeiro, de modo que pudéssemos continuar evitando sobrecarregar o governo da Guiné-Bissau. (A propósito, tive a mesma espécie de ajuda financeira quando fui à Nicarágua. O governo nicaraguense não pagou minha viagem. A mesma espécie de ajuste foi feita para minhas viagens a Angola e a São Tomé e Príncipe.)

MACEDO: Você mencionou que o projeto de alfabetização com que colaborou, juntamente com outros membros do IDAC, dando assistência técnica, foi inteiramente desenvolvido na Guiné-Bissau e não em Genebra. Contudo, você tem sido criticado por tentar implementar um plano que era idealista e populista, e que ignorava importantes fatores políticos, econômicos, culturais e linguísticos que conformavam a realidade da Guiné-Bissau. Você e sua equipe do IDAC discutiram e avaliaram completamente a realidade da sociedade da Guiné-Bissau antes de executar seu plano?

FREIRE: Considero essa crítica cientificamente inconsistente. De que modo poderíamos, a equipe do IDAC e eu, ter desenvolvido um projeto de alfabetização populista na Guiné-Bissau? Qual o significado de um estilo político que é chamado de "populista"? Os analistas políticos dizem que um estilo populista exige, necessariamente, o surgimento das massas populares que começam a querer, quando menos, ter uma posição diferente na história social e política de sua sociedade. É como se, subitamente, os oprimidos começassem a descobrir a possibilidade de se afastarem do estado de satisfação em que se encontram; começam a perceber a possibilidade de correr riscos diferentes. Simbolicamente, podia-se dizer que, antes, em sua imersão, os riscos estavam preponderantemente estagnados. Antes, havia riscos que só envolviam a sobrevivência em face da exploração. De certo modo, o papel subalterno dos oprimidos era percebido como resultado de dificuldades climáticas (por exemplo: não há chuva; por isso, não temos trabalho nem coisa alguma para comer) e não como uma exploração calculada pela classe dominante. Durante a emergência dos oprimidos, eles começam a assumir riscos: o risco de dizer a palavra; os riscos sociais, históricos e políticos implicados no protesto. Não há razões claras para isso que emerge; talvez seja devido a mudanças nas forças produtivas da sociedade, ou devido a uma situação exacerbada pelos membros locais da classe dominante.

Essas pessoas emergem assumindo riscos novos e diferentes — o risco de ser preso na rua, de ir para a cadeia. Mas há também o contrarrisco: a possibilidade de ser ouvido. Isso provoca uma reação mediante um estilo político muitas vezes chamado de populismo. Assim, pode-se dizer que o estilo populista de política é mais uma resposta do que uma causa. Não é o estilo populista que faz com que o povo oprimido se levante. É o fato de o povo se levantar que faz com que os políticos mudem sua tática para manter-se no poder.

O que acontece então? Esse novo estilo é chamado de populismo. Quando os oprimidos se levantam e as classes dominantes precisam defender-se (reagir defensivamente ao levantamento do povo, mas conservando o poder), a liderança chamada populista assume uma ambiguidade que se manifesta na relação entre as massas que se levantam e as classes dominantes. Por um lado, para continuar a ser populista, a liderança precisa do apoio do povo nas ruas. Por outro lado, precisa estabelecer limites quanto à ação desse povo, de modo que não haja ruptura no estilo burguês de política e da sociedade em geral. Esses limites destinam-se a evitar a transformação da sociedade, de modo que os oprimidos não se transformem em revolucionários. Assim, as classes dominantes criam obstáculos para evitar que as classes subalternas transcendam a própria classe e adquiram consciência de classe.

Qual a natureza dessa ambiguidade? Ao restringir a presença reivindicativa do povo, pela qual o povo vai às ruas e protesta nas praças, a liderança populista não pode impedir que o povo aprenda como usar as ruas e os parques para manifestar suas reivindicações. A liderança populista pode restringir sua reação às reivindicações do povo. Mas se proíbe o povo de reunir-se nas ruas, a liderança deixa de ser populista e se torna um regime francamente repressivo. Na medida em que restringe sua reação apenas a determinadas reivindicações do povo (por exemplo, permitindo manifestações apenas em áreas predeterminadas), ela permite a continuação das manifestações públicas, que levarão inevitavelmente a um processo ainda maior de descoberta pelo qual os oprimidos aprendem a como fazer reivindicações. O povo acaba por desenvolver-se e assumir as próprias reivindicações. Assim, o populismo que manipula se contradiz, estimulando a democracia.

Há um ponto em que a liderança política se mantém oscilando entre a manipulação e a experiência democrática.

Há um ponto, também, em que a liderança pode inclinar-se mais para o lado do povo. Uma dimensão de sua ambiguidade é o fato de que essa liderança dá um passo para a esquerda e outro para a direita, com um pé no lado das massas oprimidas e o outro no da burguesia. Quando essa liderança começa a firmar ambos os pés, ou a dar a impressão de que pode fazê-lo, sobre o lado das massas, há dois caminhos possíveis. A sociedade pode entrar numa fase pré-revolucionária, com a chamada liderança populista, renunciando ao estilo populista e assumindo-se como revolucionária. A direita intervém com um golpe e instaura um regime militar rígido.

Que aspectos populistas existem em nossas propostas à Guiné-Bissau para a reforma da educação em geral e para a alfabetização de adultos em particular? Estávamos em contato com uma liderança política que havia passado anos em luta contra os colonialistas portugueses nas selvas, sem qualquer traço de populismo.

Qual a dimensão populista das cartas que escrevi aos educadores da Guiné-Bissau? Na terceira e na quarta cartas, por exemplo, onde examino os aspectos muito sérios de lidar com o significado de uma educação socialista, revolucionária, ou onde discuto a relação entre educação e produção e o problema da autonomia da classe operária, onde está o caráter populista nesses documentos publicados? Devo ser assim caracterizado por ter dado uma contribuição a meu país sob um regime populista?[46]

---

[46] O autor refere-se ao fato de ter coordenado o Plano de Alfabetização Nacional no governo de João Goulart, em 1963. [N.E.]

No Brasil de hoje, por exemplo, começamos uma nova fase histórica na vida política. Muito embora eu pertença a um partido político que não participou do desenvolvimento desse novo governo, espero sinceramente, como brasileiro, que esses avanços democráticos prossigam e que o sistema sofra as necessárias transformações em benefício da classe trabalhadora. Ninguém dirá, porém, que o governo do Brasil é um regime revolucionário. Muitos dos educadores que me criticam como populista estão atualmente dando sua colaboração ao governo brasileiro. Seria interessante, dentro de dez ou vinte anos, ver se os estudantes elaborando suas teses, por exemplo, irão considerar esses educadores populistas, já que estão colaborando com um governo que está longe de ser revolucionário.

Não se é necessariamente populista por dar determinada colaboração a um regime considerado populista. Contudo, o que julgo ainda mais estranho é a afirmação de que as propostas que fiz à Guiné-Bissau, em conjunto com a equipe do IDAC, fossem populistas. Seria igualmente ridículo caracterizar como populistas minhas discussões com os educadores de Angola. Há pessoas que chegam a afirmar que nada mais fiz do que transplantar minha experiência brasileira para a Guiné-Bissau. Isso é absolutamente falso.

Também fui acusado de ser indiferente a diversos grupos étnicos na Guiné-Bissau. Isso também é ridículo. Por que iria eu rejeitar a ideia de aprender mais? Examinando e estudando a diversidade cultural e linguística da Guiné-Bissau, fiquei em melhor posição para compreender as necessidades educacionais do país. O que eu não podia fazer na Guiné-Bissau era ultrapassar as limitações políticas do momento. Como estrangeiro, não podia impor minhas propostas sobre a realidade da Guiné-Bissau e sobre as necessidades como os líderes políticos as percebiam. Por exemplo, a questão linguística foi um dos limites que não consegui ultrapassar, embora tenha discutido longa e enfaticamente com os educadores minhas preocupações a respeito de levar avante uma campanha de alfabetização na língua dos colonialistas. Contudo, a liderança considerava politicamente vantajoso adotar a língua portuguesa como veículo principal da campanha de alfabetização.

Macedo: Como admirador de Amílcar Cabral, você não podia desconhecer sua análise detalhada do caráter cultural e linguístico da Guiné-Bissau. O próprio Cabral demonstrou grande preocupação a respeito das prováveis dificuldades com o processo de unificação nacional durante o período pós-independência, dada a existência de tantos grupos étnicos distintos.

Freire: Exatamente. Amílcar Cabral foi um pensador que pôs seu pensamento em prática. Foi um pensador que li e reli muitas vezes e de quem sempre obtive novas perspectivas.

Um de meus sonhos, não realizado, era fazer um estudo completo da obra de Amílcar Cabral. Tinha até o título para o livro que pretendia escrever: Amílcar Cabral, o pedagogo da revolução. Nesse livro, traçaria uma clara distinção entre "pedagogo revolucionário" e "pedagogo da revolução". Existem alguns pedagogos revolucionários; mas não há muitos pedagogos da revolução. Amílcar é um deles.

Para concretizar esse sonho, porém, teria de permanecer pelo menos seis ou oito meses na Guiné-Bissau e, também, ir a outros países africanos. Não tive nem os recursos nem o tempo necessários para cumprir essa tarefa. Não poderia pedir ao governo da Guiné-Bissau que financiasse meu projeto, em vista das enormes dificuldades financeiras enfrentadas por aquele país novo com a reconstrução de sua sociedade após a independência. Também relutei em pedir ao Conselho Mundial de Igrejas o financiamento do projeto.

Desenvolvi alguns trabalhos preliminares, como a realização de entrevistas com líderes políticos importantes que trabalharam em estreita ligação com Cabral. Entrevistei a liderança do PAIGC na Guiné-Bissau, por exemplo. Numa entrevista com o diretor político da época, disse que o projeto não podia ser realizado por um intelectual que se considerasse objetivo e livre para dizer o que pretendesse. Minha ideia não era ir para a Guiné-Bissau realizar a pesquisa e, depois, escrever um livro em que dissesse o que queria dizer sob a rubrica da suposta "autonomia acadêmica" ou "objetividade científica". Sou um intelectual militante. Nessa condição, queria fazer um estudo sério e rigoroso sobre Cabral como um pedagogo da revolução.

Mas primeiro teria de ter conseguido saber como o partido, que fora fundado por Cabral e que lutara corajosamente para expulsar os colonizadores, encarava meu plano. Havia condições que eu queria fixar. Se o projeto houvesse prosperado, antes de publicar o livro eu teria submetido o manuscrito à revisão do partido. Não o teria publicado sem a aprovação do partido.

Talvez a liderança reagisse a minhas condições indagando por que eu era um intelectual tão obediente. Eu lhes teria dito que não sou um intelectual "obediente". Por exemplo, se o PAIGC me dissesse que algumas das coisas que eu afirmava não eram do interesse da reforma política, provavelmente eu teria brigado com o partido para defender minha posição. Mas também teria compreendido as razões que levavam o partido a concluir que minhas afirmações solapavam suas metas.

Apenas após esse processo teria eu submetido os originais à publicação. Todos os direitos autorais seriam destinados a causas políticas que fizessem progredir mais a justiça humanitária e social, que levassem tanto à criação do partido, em primeiro lugar, e à subsequente revolução.

Infelizmente, não tive condições de completar esse estudo. Realizei aproximadamente dez entrevistas, a primeira das quais com o Ministro da Educação, Mário Cabral. Entrevistei também grupos de jovens militantes organizados durante a luta pela libertação. Mas devido a dificuldades de tempo e outros fatores, decidi não dar prosseguimento ao projeto. Minha ideia era realizar trezentas entrevistas. Apenas o trabalho envolvido nessas entrevistas, a transcrição das fitas, a seleção e edição das transcrições teriam levado anos para se completar. Poderia fazer a transcrição e a edição na Europa, mas as entrevistas teriam que ser feitas na África, principalmente na Guiné-Bissau.

Ao lhe falar sobre esse projeto interrompido, vê-se mais nitidamente como me comportei com respeito aos princípios da revolução. Respeitei a autonomia cultural e política do povo da Guiné-Bissau. Aceito como um fato quando dizem que sou incompetente em muitas áreas. Contudo, jamais procurei obter êxito por meio da crítica à incompetência de outras pessoas. Isto é, se criticasse certas pessoas, essa crítica poderia dar-me visibilidade e prestígio intelectual.

Na verdade, não me incomodo com prestígio. Minha maior preocupação é trabalhar honesta e seriamente na direção do desenvolvimento de uma sociedade melhor e mais justa, como fiz na Guiné-Bissau. Se as pessoas lerem *Cartas à Guiné-Bissau* perceberão meu compromisso com a transformação educacional daquele país.

No livro em que "falei" com meu amigo chileno, fiz a seguinte observação. No Brasil, durante os anos 1950, defendi a posição de que os educandos, não importa de que nível, deveriam permitir-se a experiência de tornar-se sujeitos do ato de conhecer, implicado na educação. Agora, pergunto, como poderia ter agido diferentemente na Guiné-Bissau? Ademais, no contexto revolucionário, devo insistir que os educandos se tornem sujeitos, sujeitos da reinvenção de seu país.

Onde o populismo deste pobre educador brasileiro, educador que, durante seus encontros com educadores guineenses, sempre insistiu que o povo deve andar em frente e assumir a história de seu país? Alguma vez você ouviu alguma conversa populista a respeito dos direitos dos educandos de se tornarem sujeitos e assumirem a própria história? Pergunte a Fernando Cardenal e a Ernesto Cardenal se meu trabalho e sugestões para a Nicarágua foram de natureza populista. Essas críticas revelam quão superficialmente meus críticos têm abordado meus trabalhos. Seu ferrete ideológico impede que compreendam ou queiram compreender as propostas pedagógicas que tenho feito.

MACEDO: Como enfrentaria você o processo de emancipação pela alfabetização numa sociedade caracterizada por dificuldades radicadas na presença de múltiplos discursos? Esse problema torna-se infinitamente mais complexo quando a sociedade se caracteriza pela existência de muitas línguas rivais, como na Guiné-Bissau.

FREIRE: Temos de tratar, em primeiro lugar, da relação entre alfabetização e emancipação. O conceito de alfabetização, neste caso, deve ser tomado como transcendendo seu conteúdo etimológico. A alfabetização não pode ser reduzida a experiências apenas um pouco criativas, que tratam dos fundamentos das letras e das palavras como uma esfera puramente mecânica.

Ao responder à sua pergunta, tentarei ir além dessa compreensão rígida de alfabetização e começar a entender alfabetização como a relação entre os educandos e o mundo, mediada pela prática transformadora desse mundo, que ocorre exatamente no meio social mais geral em que os educandos transitam, e mediada, também, pelo discurso oral que diz respeito a essa prática transformadora. Esse modo de compreender a alfabetização leva-me à ideia de uma alfabetização abrangente que é necessariamente política.

Mesmo nesse sentido global, a alfabetização jamais deve ser compreendida como sendo, por si só, a deflagradora da emancipação social das classes subalternas. A alfabetização conduz a uma série de mecanismos deflagradores, dos quais participa, os quais devem ser ativados para a transformação indispensável de uma sociedade cuja realidade injusta destrói a maior parte do povo. Neste sentido global, a alfabetização ocorre em sociedades onde as classes oprimidas assumem a própria história. O caso mais recente desse tipo de alfabetização é o da Nicarágua.

É interessante notar que a natureza desse processo é diferente do da emancipação. No caso da Nicarágua, a alfabetização começou a ocorrer assim que o povo tomou sua história nas próprias mãos. Tomar a história nas próprias mãos antecede o começo do estudo do alfabeto. O processo de alfabetização é muito mais fácil do que o processo de tomar a história nas próprias mãos, uma vez que isso traz consigo necessariamente o "reescrever" a própria sociedade. Na Nicarágua, o povo reescreveu a sociedade antes de ler a palavra.

Além disso, é interessante observar que, na história cultural, o ser humano ou, mais precisamente, o animal que se tornou humano e o ser humano que resultou dessa transformação anterior, em primeiro lugar muda o mundo e, muito mais tarde, se torna capaz de falar a respeito do mundo que transformou. Muito mais tempo ainda se passa até que tenha condições de escrever a respeito da fala originada dessa transformação. A alfabetização deve ser entendida nesse sentido global. Uma vez que a leitura da palavra é precedida da reescrita da sociedade, em sociedades que passam por um processo revolucionário é muito mais fácil executar campanhas de alfabetização bem-sucedidas.

Toda essa discussão, porém, é muito mais geral, mais política e mais histórica do que o próprio processo de alfabetização. Não se pode esquecer a dimensão específica do código linguístico. No caso da Nicarágua, a única área problemática do código linguístico (com suas implicações necessariamente ideológicas, sociais e políticas) é a situação dos índios mosquito. Quanto ao restante, o grande problema relativo à língua espanhola são os múltiplos discursos de que você falou há pouco. A meu ver, esses discursos estão vinculados às diferenças entre as diversas classes sociais e só podemos compreendê-los à luz de análises de classe.

O grande problema que as campanhas de alfabetização enfrentam com respeito aos múltiplos discursos é lidar com o processo de reescrita da sociedade. Em princípio, essa reescrita rompe a ordem hierárquica rígida das classes sociais e, com isso, transforma as estruturas materiais da sociedade. Quero voltar a salientar um ponto: jamais devemos tomar a alfabetização como a deflagradora da transformação social. A alfabetização, como conceito global, é apenas parte do mecanismo deflagrador da transformação. Há uma diferença qualitativa entre uma cruzada política e a experiência da alfabetização, até mesmo no Brasil de hoje. Recordo-me que, na conferência mundial de Persépolis, organizada pela Unesco, em 1975 — entre cujos participantes se encontravam a União Soviética, os Estados Unidos, Cuba, a Coreia do Norte, Vietnã, Peru, Brasil e inúmeros países da Europa —, um dos temas centrais foi a avaliação das campanhas de alfabetização por todo o mundo. "A Carta de Persépolis", publicada pela Unesco, afirma, entre outras coisas, que o relativo êxito das campanhas de alfabetização avaliadas pela Unesco dependeu da relação que as campanhas tiveram com as transformações revolucionárias das sociedades em que foram realizadas.

Isso demonstra o papel extraordinário desempenhado pela leitura do mundo e da realidade na reinvenção geral da educação e da sociedade revolucionária. Mostra, também, que, mesmo em sociedades com grandes limitações devidas a sua postura reacionária, por exemplo, embora se esperem resultados de menor êxito, ainda assim uma campanha de alfabetização poderia ser bem-sucedida e ajudar outros fatores básicos a deflagrar a transformação dessa sociedade. Contudo, é impossível e desaconselhável que se esqueça da questão linguística.

Falemos agora dos grandes problemas que tivemos de enfrentar na Guiné-Bissau.

MACEDO: Acho que você poderia começar discorrendo sobre os desafios linguísticos com que se defrontou na Guiné-Bissau.

FREIRE: A Guiné-Bissau atendia à primeira condição básica que torna possível o êxito de uma campanha de alfabetização: a transformação revolucionária da sociedade. Completara uma prolongada e bela luta pela libertação, sob a liderança incontestada do extraordinário pedagogo Amílcar Cabral. (Nas *Cartas à Guiné-Bissau*, refiro-me muitas vezes ao aspecto pedagógico da liderança de Cabral, aos seminários que ele realizava durante a luta, não só para avaliar os êxitos militares, mas também a luta cultural.)

Em suma, a Guiné-Bissau tinha os contextos político, social e histórico, a saber, a luta por parte de seu povo para libertar-se. Mas a Guiné-Bissau não atendia à segunda condição, devido a sua diversidade linguística. O país tem aproximadamente trinta línguas e dialetos distintos, falados por diversos grupos étnicos. Além disso, tem o crioulo, que funciona como língua franca. O crioulo dá uma enorme vantagem à Guiné-Bissau, ao Cabo Verde e a São Tomé sobre Angola e Moçambique, por exemplo.

O crioulo, criação linguística que associa as línguas africanas com o português, desenvolveu-se gradativamente na Guiné-Bissau. O crioulo está para o português, como o português, o espanhol, o francês e o italiano estão para o latim: é um descendente. O crioulo é tão belo, rico e viável quanto o português. Nenhuma expressão linguística ou língua já nasce pronta. Por exemplo, não é preciso que os portugueses, alemães ou espanhóis se envergonhem de empregar uma palavra como estresse, tomada de empréstimo diretamente do inglês (*stress*). Não conheço, em português, qualquer outra palavra possível para dizer *stress*. O desenvolvimento das forças produtivas, da tecnologia e da ciência também tem muito a ver com o desenvolvimento linguístico. Temos que aceitar centenas de palavras assim, como por exemplo *know-how*.

Vemos produtos brasileiros, fabricados no Brasil, que se declaram, em inglês, *Made in Brazil*. Esses fraseados padrão internacionalizam a comunicação. Não me envergonho de empregar essas palavras. Assim, deveriam os falantes de crioulo envergonhar-se por tomar de empréstimo certos termos da língua portuguesa para expressar o desenvolvimento tecnológico de sua sociedade?

Não se pode decretar a inviabilidade desse tipo de desenvolvimento. E foi mais ou menos isso que eu disse à comissão de educação. Com o risco de ser mal interpretado pelo corpo de segurança do presidente, pus as mãos na cabeça de Luís Cabral e lhe disse: "Senhor Presidente, compreendo bem que o senhor tenha dores de cabeça quando fala português por muito tempo. O fato é que sua estrutura mental não é portuguesa, embora o senhor fale português muito bem. Sua estrutura de pensamento, que se ocupa do modo como o senhor fala e se expressa, não é portuguesa."

Havia um jornal guineense, o *No Pintcha*, que naquela época costumava publicar, em toda edição, um texto de Amílcar Cabral. *No Pintcha* teve um papel importante na disseminação das ideias de Cabral. Por estranha coincidência, no dia posterior àquela minha fala, *No Pintcha* publicou o único texto de Amílcar Cabral do qual discordo. Dizia ele nesse texto que o mais belo presente que os portugueses haviam deixado aos guineenses era a língua portuguesa. (Essa afirmação de Cabral deve ser interpretada no contexto da luta pela libertação. Na verdade, soube, mais tarde, que houve razões políticas para a afirmação de Cabral. Ele estava tentando utilizar a língua portuguesa como uma força unificadora, para acalmar os atritos entre os grupos linguísticos e étnicos rivais na Guiné-Bissau.) Li aquele texto de Cabral como uma mensagem dirigida diretamente a mim: "Meu camarada Paulo Freire, gostamos muito de você, mas não se meta nesse negócio de língua em nosso país. O próprio Amílcar Cabral disse que a língua portuguesa foi um belo presente dos colonizadores."

Não obstante essa mensagem, continuei a lutar, juntamente com os membros do IDAC, pelo papel da língua portuguesa na campanha de alfabetização. Um colega do IDAC, Marcos Arruda, lutou vigorosamente a respeito da questão da língua. Finalmente foi-nos possível trazer à Guiné-Bissau dois linguistas (um, belga, o outro, africano, também financiados pelo IDAC) para discutir e avaliar o dilema linguístico da Guiné-Bissau. Eram ambos do Instituto de Língua de Dacar. O belga era especialista em línguas crioulas; o africano, especialista em línguas africanas. Ao mesmo tempo, fiz contato com um linguista brasileiro que ensinava em Lion e era especialista em línguas crioulas. (Estava trabalhando num dicionário e numa gramática do crioulo da Guiné-Bissau.) Ele nunca foi à Guiné-Bissau, mas discutimos longamente as questões da língua naquele país.

Propusemos a Mário Cabral a realização, na Guiné-Bissau, de um seminário de que participariam os cinco países africanos que se haviam libertado do colonialismo português. O objetivo do seminário seria discutir a política de planejamento da língua e da alfabetização nesses países. Queríamos assistir a uma discussão geral a respeito de política de cultura, dentro da qual se encontra a política de língua.

Foi nesse seminário que fiquei absolutamente convencido de que o português jamais seria uma linguagem viável na campanha de alfabetização. Escrevi, então, uma carta a Mário Cabral (cf. Apêndice) na qual reiterei a impossibilidade de continuar a fazer o trabalho de alfabetização em português. Nessa carta, analisei também as consequências de insistir no uso do português como único veículo de educação. Uma consequência, por exemplo, é que, enquanto o português funcionasse como língua oficial, teria de assumir também o papel das línguas nacionais.

Por quê? Ao se esperar que uma língua com o *status* de oficial se torne a força mediadora na educação da juventude, compreende-se que se está requerendo que essa língua assuma o papel de língua nacional. Seria inconcebível esperar que o Brasil, por exemplo, adotasse o espanhol como única língua da educação, caso o país passasse por um processo revolucionário à moda cubana, ou, em outro exemplo, que melhor atenderia aos interesses da burguesia brasileira, implementasse o inglês como a única língua de instrução e dos negócios.

Em minha carta a Mário Cabral, disse que o uso exclusivo do português na educação resultaria numa estranha experiência, caracterizada pelo português como uma superestrutura que iria deflagrar uma exacerbação das divisões de classe, e isso numa sociedade que se supunha estar recriando a si mesma pela supressão das classes sociais.

Continuar a utilizar o português na Guiné-Bissau como a força mediadora na educação da juventude e prosseguir com a prática de selecionar os alunos com base em seu conhecimento do português falado e escrito iria garantir que apenas os filhos da elite tivessem condições de progredir educacionalmente, reproduzindo, desse modo, uma classe elitista, dominante. O povo da Guiné-Bissau se veria novamente barrado no sistema educacional e nos escalões econômicos e políticos mais elevados. Por essas razões, propus uma alternativa para o uso do português como língua de instrução.

MACEDO: Por que você não incluiu em *Cartas à Guiné-Bissau* a carta que você escreveu a Mário Cabral em 1977, em que apresentou essas preocupações a respeito do papel do português na campanha de alfabetização?

FREIRE: Não incluí essa carta por motivos políticos, entre outras coisas. Eu sabia que na Guiné-Bissau, bem como no

Cabo Verde, a questão da língua portuguesa na educação não só era um problema, como também não era discutida abertamente. Tinha conhecimento do nível elevado de ideologia relativamente à questão da língua. Isso era fácil de entender, uma vez que os colonizadores portugueses passaram séculos convencendo o povo da Guiné-Bissau de que suas línguas eram horríveis e que o português era mais culto.

Os colonizadores passaram séculos tentando impor sua língua. Fizeram-no por decreto, dando a impressão de que as línguas nacionais eram naturalmente inferiores, que não passavam de dialetos tribais. O crioulo também era encarado como um jargão misto e corrompido e, por isso, não podia ser considerado uma língua natural. Esse perfil foi traçado pelos colonizadores (só os que detêm o poder podem definir o perfil dos outros) e imposto ao povo da Guiné-Bissau; e nunca foi repudiado, nem mesmo durante a guerra de libertação. Muitos líderes da Guiné-Bissau estavam ainda influenciados por esses mitos enquanto eram assimilados e colonizados linguisticamente.

Uma de minhas grandes lutas nessas ex-colônias portuguesas foi a de afirmar a viabilidade das línguas nacionais. Recordo um debate no rádio, que tive em São Tomé, no qual o Ministro da Educação afirmou que a língua de educação em São Tomé tinha que ser o português de Camões. Lembro-me de lhe ter respondido dizendo que, hoje, nem mesmo em Lisboa se pode ensinar o português de Camões, muito menos em São Tomé, onde a maioria do povo sequer fala ou compreende o português.

Até certo ponto, respeitei as divisões entre essas ex-colônias quanto ao planejamento da língua, porque não sou um imperialista. Jamais, porém, deixei passar uma oportunidade de fazê-los saber de minhas verdadeiras preocupações a respeito do papel da língua portuguesa na educação.

Não publiquei a carta que escrevi a Mário Cabral porque, como disse, senti que o momento não era propício, levando em conta assuntos políticos de maior importância. Lembro-me de que, na última conversa que tive com o presidente Luís Cabral, antes que fosse deposto, ele disse: "Camarada Paulo, entendo bem a controvérsia que existe entre nós relativa à questão da língua." Eu disse que compreendia as reações negativas de muitos dos líderes com relação às línguas nacionais, mas que era preciso ter coragem. De fato, disse ainda, é necessário dizer ao mundo que a Guiné não vai fazer a seu próprio povo aquilo que nem mesmo os colonizadores portugueses puderam fazer. Ou seja, que não vai tentar erradicar as línguas nacionais e impor o português. É preciso tomar uma atitude e abandonar a ideia de alfabetizar em português.

Não poderia ter dito essas coisas em público naquela época. Hoje, posso dizê-las.

MACEDO: Você se aborrece por não ter tomado uma posição pública sobre a questão linguística na Guiné-Bissau?

FREIRE: Não, porque muitas vezes há razões de caráter político que exigem que o intelectual silencie, mesmo que esse silêncio seja algumas vezes mal interpretado. Assumi esse silêncio e hoje o quebro por acreditar que agora é o momento de falar sobre essas questões. Com ou sem Paulo Freire, foi impossível realizar, na Guiné-Bissau, uma campanha de alfabetização numa língua que não fazia parte da prática social do povo. Meu método não falhou, como se anunciou. Também não falhou no Cabo Verde ou em São Tomé. Em São Tomé e Cabo Verde há uma história de bilinguismo. E muito embora o bilinguismo predominasse menos no Cabo Verde do que em São Tomé, ainda era possível ensinar alguma coisa de português, com ou sem minha ajuda.

Essa questão deve ser analisada em termos de se é viável, linguisticamente, realizar campanhas de alfabetização em português em qualquer desses países. Meu método é secundário para essa análise. Se não é viável fazê-lo, meu método ou qualquer outro certamente fracassará. A carta a Mário Cabral (incluída no Apêndice) analisa a viabilidade da língua portuguesa, bem como as consequências políticas e culturais, caso continuasse uma colonização linguística naquela nação recém-libertada.

MACEDO: Um problema de alguns avaliadores ao apreciar sua obra é que eles propõem questões tecnocráticas, ignorando as dimensões políticas, culturais e ideológicas tanto de suas teorias quanto de suas práticas. Pode ser que deem demasiada importância à aquisição mecânica da leitura, ao mesmo tempo que deixem de avaliar o desenvolvimento de uma atitude crítica por parte dos educandos, ou seja, até que ponto os educandos, em campanhas de alfabetização, se tornam conscientes de suas responsabilidades cívicas e políticas. Por exemplo, em que medida os educandos adquirem uma atitude analítica em relação à autoridade em sua vida pessoal quotidiana? Não se devem aplicar meios e métodos quantitativos para medir resultados que, pela própria natureza, são qualitativos. Você poderia comentar mais miudamente esse problema de avaliação?

FREIRE: Em primeiro lugar, em qualquer avaliação de nosso envolvimento e contribuição, a questão a propor não deve ser se vinte, trinta, cem, mil ou mais pessoas aprenderam mecanicamente a soletrar em língua portuguesa. Ao contrário, essa avaliação deve considerar até que ponto nós também aprendemos no processo de nosso envolvimento. Por exemplo, aprende-se quão difícil é refazer uma sociedade, quer por uma revolução, ou de outro modo; não se pode refazer, reinventar ou reconstruir uma sociedade mediante um ato mecânico. A reinvenção de uma sociedade é um ato político que tem lugar na história. É importante, pois, indagar das dificuldades da reinvenção da sociedade da Guiné-Bissau. É importante, também, indagar se nosso envolvimento teve alguma significação para os educadores da Guiné-Bissau.

Uma vez mais, naquele livro que escrevi com Faundez, em que expus algumas dessas questões e críticas a respeito de meu trabalho na Guiné-Bissau, disse que gostaria de um dia voltar lá e encontrar a mesma abertura, camaradagem e dimensões políticas que antes. Gostaria de voltar e falar com Mário Cabral, que me recebeu de braços abertos. Gostaria de falar com todos aqueles camaradas com quem trabalhei. Eu lhes perguntaria se, em nossos antigos encontros e diálogos, algumas de nossas preocupações os haviam tocado. Perguntaria, também, se aquelas preocupações tiveram algum impacto sobre a reformulação do processo educativo da Guiné-Bissau, pois creio que isso seja parte importante de minha avaliação.

Falando de avaliação, insistiria novamente em que o chamado fracasso de nosso trabalho na Guiné-Bissau não se deveu ao "método Freire". Esse fracasso demonstrou com toda a clareza a inviabilidade do uso do português como veículo único de instrução nas campanhas de alfabetização. Este é um ponto fundamental.

A importância de nosso envolvimento deve ser medida diante de exemplos como o que usei em minha carta a Mário Cabral. Uma equipe guineense realizava uma avaliação do trabalho de produção na fazenda coletiva que haviam criado. Um dos participantes disse, em sua língua nativa (que me foi traduzida para o português): "Antes, não sabíamos que sabíamos. Agora, sabemos que sabíamos. Por saber hoje que sabíamos, podemos saber ainda mais."

Essa é uma tal descoberta, uma tal afirmação, que se torna imediatamente política e exige uma postura política por parte desse homem no processo mais geral de reinvenção de seu país. Essa afirmação tem a ver com uma teoria crítica do conhecimento, resultante da inviabilidade de soletrar em língua portuguesa. Entre outras coisas, esse homem descobriu que antes não sabia que sabia, mas que, agora, porque sabia essa razão, descobriu que pode saber muito mais. Tenho me perguntado o que pode ter mais valor do que isso numa avaliação geral de uma sociedade que começa a encontrar-se lutando contra os colonizadores.

Uma codificação rápida e mecânica da língua portuguesa não poderia, certamente, ter o mesmo peso que a consciência política alcançada no correr de nossos debates sobre o aprendizado do português. O domínio do alfabeto português não pode ser comparado com a compreensão política e epistemológica da presença desse homem no mundo como um ser humano que, agora, pode saber por que se transforma. Sem negar a provável necessidade de dominar o português ou, melhor ainda, sua própria língua, não posso subestimar a significação da segunda ordem de conhecimento que esse homem adquiriu.

E isso é verdade exatamente porque não há experiência pedagógica que não seja política pela própria natureza. As afirmações desse homem são de grande importância, sejam elas avaliadas de uma perspectiva pedagógica ou política. Esquecer ou, mais manipulativamente, omitir da avaliação esse aspecto crítico ultrapassa os limites do "ba-be-bi-bo-bu"; a mera decodificação das sílabas não tem sentido algum para quem teve um enorme papel na reinvenção de sua sociedade. A tarefa desafiadora de reapropriar-se da própria cultura e da própria história não pode ser cumprida por meio da língua que negava sua realidade e procurava erradicar seu próprio meio de comunicação.

Macedo: Você acha possível realizar uma campanha de alfabetização em português no Cabo Verde, onde existe certo grau de bilinguismo em português e crioulo?

Freire: Do ponto de vista político, não é aconselhável fazê-lo, pelas muitas razões que já expusemos. Do ponto de vista linguístico, ao contrário da Guiné-Bissau, onde o ensino em português não é possível, seria menos violento fazê-lo no Cabo Verde, particularmente nas áreas urbanas, onde a presença colonialista acarretou uma certa exposição à língua portuguesa e o desenvolvimento capitalista exigiu que as pessoas aprendessem um pouco de português. Contudo, creio que o Cabo Verde também deveria optar pelo crioulo como língua oficial nacional.

Macedo: Não devemos perder de vista o perigo da reprodução daqueles valores colonialistas que eram, e ainda são, inculcados por meio do uso da língua portuguesa. Creio ser impossível reafricanizar o povo utilizando o meio que o desafricanizou. Ainda que, linguisticamente, isso fizesse sentido (e percebo claramente que não faz), em termos políticos, qualquer decisão de continuar usando o português como língua oficial e único veículo de instrução no Cabo Verde solaparia gravemente as metas políticas de Amílcar Cabral.

FREIRE: Então, a situação ideal seria suspender a alfabetização em português, procurar acelerar o desenvolvimento do crioulo, especialmente a padronização de sua forma escrita, e começar a substituir gradativamente o português pelo crioulo como língua de instrução. É evidente que isso não se pode fazer de uma hora para outra. Basta imaginar o capital necessário para mudar todo o sistema educacional da noite para o dia. O Cabo Verde teria que traduzir rapidamente para o crioulo todos os textos básicos exigidos pelo currículo. Todos os textos de geografia, leitura, matemática e ciências teriam que ser traduzidos. Até mesmo a formação dos professores no crioulo não seria uma tarefa pequena. Porém, como na Tanzânia, poderia começar-se a substituir lentamente o português, mediante um modelo bilíngue de transição, segundo o qual o crioulo passaria a desempenhar um papel maior na educação, enquanto o português iria diminuindo consideravelmente com o correr do tempo. O crioulo poderia ser usado efetivamente, por exemplo, nos primeiros dez anos de escolaridade.

Desse modo, em determinado momento, poderia substituir-se o português pelo crioulo nos primeiros anos de escolaridade e, gradativamente, o crioulo seria introduzido, em volume crescente, em todas as áreas do currículo. Foi o que fez a Tanzânia, quando substituiu o inglês pelo suaíle. Não tenho certeza se o suaíle é usado hoje em nível universitário na Tanzânia, mas tenho a impressão de que a educação primária e secundária se dá, em sua maior parte, em suaíle.

Em todo caso, creio que a instrução em crioulo é necessária, mesmo da perspectiva daquelas forças produtivas que possam precisar da língua portuguesa. E, naturalmente, o povo da Guiné-Bissau e do Cabo Verde pode continuar aprendendo o português como língua estrangeira. Mas dar como estabelecido que o português é a língua nacional e o único veículo para a educação é um absurdo total. Em São Tomé, onde o grau de bilinguismo é muito mais elevado do que no Cabo Verde, seria algo mais fácil. Mesmo nas áreas rurais de São Tomé as pessoas parecem ter mais facilidade para falar o português. Isso pode ser atribuído ao pequeno tamanho da ilha.

MACEDO: A questão do ensino da língua oculta milhares de problemas que levaram à criação de uma campanha de alfabetização neocolonialista no Cabo Verde e na Guiné-Bissau, a pretexto de acabar com o analfabetismo. Mesmo que a alfabetização em português fosse inteiramente viável, é preciso que se proponha a questão crucial de até que ponto, com êxito ou não, a utilização continuada do português degradaria a campanha de alfabetização, bem como o capital cultural dos cabo-verdianos subalternos. O debate sobre a viabilidade do português como veículo para alfabetização no Cabo Verde limita-se à questão técnica de se o crioulo cabo-verdiano é um sistema válido e que tem regras. Creio que a questão a propor deve ser infinitamente mais política. Precisamos questionar a resistência à alfabetização em crioulo baseada nas afirmações de que o crioulo carece de uma ortografia uniforme. Desculpas desse tipo são empregadas para justificar a política atual de uso do português como único meio de instrução. Deve-se indagar por que os cabo-verdianos falantes de português se apoiam no argumento comum de que o português tem *status* internacional e, por isso, assegura mobilidade ascendente aos cabo-verdianos instruídos de fala portuguesa. Essa posição, aliás, implica a suposta superioridade da língua portuguesa.

A triste realidade é que, embora o português possa oferecer acesso a certos postos de poder político e econômico para os altos escalões da sociedade cabo-verdiana, ele mantém atrasada a maioria do povo, aqueles que não conseguem aprender suficientemente bem o português para adquirir o nível necessário de alfabetização para progredir social, política e economicamente. Na verdade, continuar a usar a língua do colonizador como único meio de instrução é continuar a propiciar as estratégias manipulativas que sustentam a manutenção da dominação cultural. Assim, o que se oculta sob o debate técnico relativo à língua de instrução cabo-verdiana é a resistência à reafricanização ou, talvez, uma sutil rejeição, por parte dos cabo-verdianos assimilados, a "cometer suicídio de classe". Para que compreendamos plenamente os fatores políticos e ideológicos subjacentes à questão de língua, devemos reorientar nossas perguntas de um nível técnico para um nível mais político. Você poderia avaliar as consequências políticas e ideológicas do ensino apenas em português no Cabo Verde?

Freire: Essa é uma questão política radicada na ideologia. Numa das vezes em que estive no Cabo Verde, o presidente Aristides Pereira fez um excelente discurso em que dizia: "Expulsamos os colonizadores portugueses de nossa terra; agora, precisamos descolonizar nossas mentes." A descolonização das mentes é muito mais difícil de executar do que a expulsão física do colonizador. Por vezes, os colonizadores são expulsos, mas permanecem culturalmente, porque foram assimilados pela mente das pessoas que ali ficaram.

Essa terrível presença persegue o processo revolucionário e, em certos casos, impede o movimento de libertação. A língua não deixa de ser atingida. Quanto mais essa presença colonialista assedia os espíritos assimilados do povo colonizado, mais ele rejeitará a própria língua. Na verdade, a língua é parte tão importante da cultura que, ao rejeitá-la, a reapropriação da própria cultura torna-se uma ilusão revolucionária.

Os ex-colonizados continuam sendo, de muitas maneiras, colonizados mental e culturalmente. Verbalmente, ou mediante sistemas de mensagem inerentes à estrutura colonial, é dito ao povo colonizado que ele não dispõe de instrumentos culturais eficientes pelos quais se expressar. Possuem um dialeto horrível, um abastardamento da língua bonita dos colonizadores. Essa imagem da língua imposta pelos colonizadores acaba por convencer as pessoas de que sua língua era, de fato, um sistema corrompido e inferior, não merecedor de um verdadeiro *status* educacional.

As pessoas acabam acreditando que o modo como falam é selvagem. Ficam envergonhadas de falar a própria língua, especialmente na presença dos colonizadores, que proclamam permanentemente a beleza e a superioridade da língua deles. Os comportamentos e gostos dos colonizadores, entre os quais a língua, são os modelos impostos pela estrutura colonial durante séculos de opressão. Em determinado momento, os ex-colonizados internalizam esses mitos e sentem-se envergonhados.

Lembro-me de um caso que você me contou, relativo a um cabo-verdiano que negava veementemente falar o crioulo, mas que, nas festas, sempre cantava em crioulo. Posto diante do fato de que, se cantava tão bem em crioulo, também devia falar essa língua, afirmou, defendendo-se, que só sabia cantar, mas não falar em crioulo. Talvez ele não tivesse consciência disso, mas estava inteiramente assimilado pelo sistema de valores dos colonizadores. Estava convencido de que não falava sua língua nativa. Na verdade, vedava-se o uso da própria língua. Esse processo muitas vezes é inconsciente. É o fantasma do colonizador sussurrando a seus ouvidos: "Sua língua não é boa... é selvagem."

Você está absolutamente correto em sua análise das questões da língua em países antes colonizados. Sempre disse, em minhas conversas com pessoas da Guiné-Bissau, Cabo Verde, São Tomé, Angola e Moçambique, que a expressão "África portuguesa" é uma denominação imprópria. Quando os intelectuais desses países utilizam essa expressão, sempre lhes digo que não existe uma África dos portugueses, nem dos franceses, nem dos ingleses. Existe uma África sobre a qual a língua portuguesa foi imposta em detrimento das línguas nacionais. Vista desta perspectiva, a ideia de uma África portuguesa dissimula a verdadeira questão linguística.

Creio que podemos dizer com segurança que, em casos excepcionais, os cabo-verdianos devem estudar o português, mas apenas como segunda língua.

3
O ANALFABETISMO DA ALFABETIZAÇÃO NOS ESTADOS UNIDOS

MACEDO: É UMA IRONIA QUE, nos Estados Unidos, país que se orgulha de ser o primeiro e mais adiantado dos países do chamado "Primeiro Mundo", mais de 60 milhões de pessoas sejam analfabetas ou funcionalmente analfabetas. De acordo com o livro *Illiterate America* (1985), de Jonathan Kozol, os Estados Unidos são o quadragésimo nono dos 128 países das Nações Unidas, em termos de taxa de alfabetização. Como pode um país que se considera um modelo de democracia tolerar um sistema educacional que contribui para um nível tão elevado de analfabetismo?

FREIRE: A primeira reação a esses dados deve ser de espanto. Como é possível isso? Mas isso ainda seria uma reação no nível emocional. Pensemos um pouco sobre esse fenômeno. A primeira coisa a perguntar seria se essa enorme parcela da população, os analfabetos ou funcionalmente analfabetos, alguma vez frequentaram a escola. Na América Latina, encontram-se inúmeras pessoas que são analfabetas por estarem socialmente impedidas de frequentar a escola. E há outra grande população de analfabetos que foram à escola. Se esse amplo setor analfabeto da população jamais foi à escola, o espanto que antes mencionei torna-se ainda maior, dada a imensa contradição que implica, uma vez que os Estados Unidos possuem um alto nível de modernização. Além disso, devemos considerar se os analfabetos estiveram na escola e esta não produziu efeito algum sobre eles a ponto de permanecerem analfabetos (aparentemente não produziu efeito, mas, na verdade, produziu), e se abandonaram a escola ou foram abandonados por ela.

Inclino-me a crer que essa ampla população de analfabetos dos Estados Unidos esteve na escola e, a seguir, foi expulsa. Expulsa como? Por decreto, por não aprender a ler e a escrever? Creio que a escola não atua de maneira tão aberta.

Isso nos leva a um ponto que é, uma vez mais, político e ideológico pela própria natureza. E não nos esqueçamos da questão do poder que está sempre associado à educação. Nossas especulações devem levar os que se encontram dentro dos sistemas educacionais a reagir à ideia que se segue, como absurda, não rigorosa, e puramente ideológica. A ideia é: esse grande número de pessoas que não sabem ler e escrever e que foram expulsas da escola não representa um fracasso da escolarização; sua expulsão demonstra a vitória da escolarização. De fato, essa interpretação errônea de responsabilidade reflete o currículo oculto das escolas. (Henry Giroux escreveu de maneira esplêndida sobre esse assunto, e insisto em que os leitores consultem sua obra.)

O currículo, no sentido mais amplo, implica não apenas o conteúdo programático do sistema escolar, mas também, entre outros aspectos, os horários, a disciplina e as tarefas diárias que se exigem dos alunos nas escolas. Há, pois, nesse currículo, uma qualidade oculta e que gradativamente fomenta a rebeldia por parte das crianças e adolescentes. Sua rebeldia é uma reação aos elementos agressivos do currículo que atuam contra os alunos e seus interesses.

As autoridades escolares que reprimem esses alunos podem argumentar que estão apenas reagindo à agressividade deles. Na verdade, os alunos estão reagindo a um currículo e a outras condições materiais das escolas que anulam suas histórias, culturas e experiências quotidianas. Os valores da escola atuam em sentido contrário aos interesses desses alunos e tendem a precipitar sua expulsão da escola. É como se o sistema fosse instalado para garantir que eles passem pela escola e a abandonem como analfabetos.

Esse pensamento é típico de muitos educadores bem intencionados que ainda não foram capazes de compreender os mecanismos internos da ideologia dominante que influem desse modo na atmosfera escolar. Devido à rebeldia das crianças e adolescentes que abandonam a escola, ou que são vadios e se recusam a empenhar-se na atividade intelectual predeterminada pelo currículo, esses alunos acabam por recusar-se a compreender a palavra (não a sua palavra, é claro, mas a palavra do currículo). Desse modo, mantêm-se afastados da prática da leitura.

MACEDO: Vamos esclarecer o que você menciona como atividade intelectual do ponto de vista dominante, de modo a não dar como impossível a existência de outras atividades intelectuais que esses alunos geram e mantêm vivas. É preciso realçar que eles podem, e de fato o fazem, engajar-se em frequentes atividades intelectuais, atividades, porém, que são geradas a partir de sua perspectiva. Ou seja, eles definem as próprias atividades.

Freire: É difícil compreender essas questões fora de uma análise das relações de poder. Por exemplo, apenas os que possuem poder podem definir o que é correto ou incorreto. Apenas os que possuem poder podem definir o que constitui intelectualismo. Uma vez fixados os parâmetros intelectuais, os que querem ser considerados intelectuais têm que atender aos requisitos do perfil imposto pela elite. Para ser intelectual, deve-se fazer exatamente aquilo que os que têm poder definem que o intelectualismo faz.

A atividade intelectual dos desprovidos de poder é sempre caracterizada como não intelectual. Creio que essa questão deve ser realçada, não só como uma dimensão da pedagogia, mas também como uma dimensão da política. Isso é difícil fazer numa sociedade como a dos Estados Unidos, onde a natureza política da pedagogia é repudiada ideologicamente. É necessário repudiar a natureza política da pedagogia para dar a aparência superficial de que a educação atende a todo mundo, assegurando, desse modo, que ela continue a funcionar no interesse da classe dominante.

Essa universalidade mítica da educação para melhor servir à humanidade faz com que muitos culpem os próprios alunos quando "abandonam" a escola. Cabe a eles a decisão de se querem ou não permanecer e ser bem-sucedidos na escola.

Uma vez que se aceite a natureza política da educação, torna-se difícil aceitar a conclusão da classe dominante: de que os que "abandonam" a escola são os culpados. Quanto mais se nega a natureza política da educação, mais se assume o potencial moral de culpar as vítimas. Isso é algo paradoxal. Os muitos que passam pela escola e que saem analfabetos, por resistirem e se recusarem a ler a palavra dominante, são representantes da autoafirmação. Essa autoafirmação é, de outro ponto de vista, um processo de alfabetização no sentido normal, global da palavra. Ou seja, a recusa em ler a palavra escolhida pelo professor é a percepção, por parte do aluno, de que ele está tomando a decisão de não aceitar o que vê como uma violação de seu mundo.

Afinal, o que se tem é a separação entre professor e alunos por fronteiras de classe. Muito embora se reconheça ser muito difícil fazer uma análise de classe numa sociedade complexa como a dos Estados Unidos, não se pode negar que existe uma divisão em classes.

MACEDO: Geralmente, os educadores norte-americanos atenuam a questão da classe social no que diz respeito à educação. Na verdade, a maioria dos estudos relativos ao número inaceitável de analfabetos no sistema escolar trata do problema de uma perspectiva tecnocrática. E os remédios propostos tendem a ser também tecnocráticos. Embora alguns educadores indiquem existir uma possível correlação entre a alta evasão escolar e o baixo nível socioeconômico dos alunos, essa correlação fica no nível descritivo. É muito mais frequente que nos Estados Unidos os educadores, em geral, e os especialistas em alfabetização, em particular, deixem de estabelecer vinculações políticas e ideológicas em seus estudos que pudessem esclarecer a natureza reprodutiva das escolas nessa sociedade. Por exemplo, educadores conservadores, como o Ministro da Educação William Bennett, dão preferência a uma abordagem *back-to-basics*[47] à medida que adotam currículos baseados na competência. Embora a rigidez da abordagem *back-to-basics* possa beneficiar os alunos brancos de classe alta, duvido que dê solução ao problema do analfabetismo que assola a maior parte dos grupos subalternos dos Estados Unidos. Panaceias do tipo mais tempo de contato dos alunos com leitura e matemática e melhor salário para os professores perpetuarão aqueles elementos ideológicos que rejeitam as experiências de vida dos alunos. Em consequência, os alunos reagem recusando-se a ler o que o currículo estabeleceu que devem ler.

Não há garantia alguma de que intensificar esse tipo de abordagem, que basicamente carece de equidade e sensibilidade em relação à cultura dos grupos subalternos, irá diminuir a resistência dos alunos quando se recusam a ler a palavra "escolhida". Quando os planejadores de currículo ignoram variáveis tão importantes quanto às diferenças de classe, quando ignoram a incorporação dos valores das culturas subalternas no currículo e quando se recusam a aceitar e a legitimar a linguagem dos alunos, sua ação vai no sentido da inflexibilidade, da insensibilidade e da rigidez de um currículo que foi previsto para beneficiar aqueles que o escreveram.

Concedendo aos professores aumentos insignificantes de salário, o que se está é apaziguando a maioria deles, que se veem em posição de impotência cada vez maior, em

---

[47] Literalmente, poderia traduzir-se por algo como "volta ao fundamental": significa a tendência, na educação norte-americana, a dar ênfase ao ensino de habilidades como ler, escrever e contar, com desprezo por outros objetivos pedagógicos da escola.

confronto com um sistema reducionista que visa a desqualificá-los cada vez mais. Essas abordagens e suas propostas correlatas tendem a descuidar das condições materiais com que lutam os professores em seu esforço para sobreviver à tarefa esmagadora de ensinar coisas que são política e ideologicamente estranhas à realidade do aluno de classes subalternas.

Essas abordagens e propostas deixam de examinar a falta de tempo que os professores têm para executar uma tarefa que, pela própria natureza, implica pensamento e reflexão. Mais ainda, a dimensão intelectual do ensino nunca é reconhecida por um sistema cujo objetivo principal é desqualificar cada vez mais os professores, reduzindo-os a meros agentes técnicos destinados a caminhar irrefletidamente por entre um labirinto de procedimentos. Assim sendo, minha pergunta é se você crê que esses educadores estão cônscios de que as propostas que fazem exacerbarão o vácuo de equidade que já está vitimando grande número de alunos de "minorias".

Freire: Primeiro, vamos esclarecer o termo "minoria".

Macedo: Emprego o termo no contexto dos Estados Unidos. Tenho consciência, também, de sua natureza contraditória.

Freire: Exatamente. Você percebe o quanto o termo "minoria" está impregnado ideologicamente? Quando, no contexto dos Estados Unidos, se emprega "minoria" para se referir à maioria do povo que não faz parte da classe dominante, está-se alterando seu valor semântico. Quando se menciona "minoria", está-se falando, na verdade, da "maioria" que se encontra fora da esfera de dominação política e econômica.

Macedo: Se Kozol está certo, os 60 milhões de analfabetos e analfabetos funcionais que ele registra em *Illiterate America* não constituem uma classe minoritária. Esses 60 milhões não deviam ser acrescentados a outros grupos bastante grandes que aprendem a ler, mas que ainda não fazem parte das esferas políticas e econômicas dominantes.

Freire: Na realidade, como se dá com muitas outras palavras, a alteração semântica da palavra "minoria" serve para dissimular os muitos mitos que são parte do mecanismo de sustentação da dominação cultural.

Macedo: Passemos agora a nossa segunda pergunta. Creio ser da maior importância analisar de que modo as culturas subalternas se produzem em sala de aula. Precisamos compreender as relações antagônicas entre as culturas subalternas e os valores dominantes do currículo. Tome-se, por exemplo, a resistência a falar o dialeto padrão exigido pelo currículo. O currículo dominante destina-se primordialmente a reproduzir a desigualdade das classes sociais, ao favorecer predominantemente os interesses de uma minoria de elite. Como poderão os educadores progressistas norte-americanos tirar partido dos elementos culturais antagônicos produzidos pelos atos de resistência dos alunos subalternos, e como poderão os educadores desencadear uma campanha de alfabetização que possibilite aos alunos compreender o próprio mundo de modo a poder lê-lo depois? Ou seja, será possível utilizar a rebeldia dos alunos como uma plataforma a partir da qual possam transcender a natureza mecânica da alfabetização a eles imposta por um currículo que exige apenas a codificação e decodificação mecânicas de grafemas e fonemas para formar palavras que os alienam ainda mais?

Freire: Sua pergunta é absolutamente fundamental. Teoricamente, a resposta a ela vale não apenas no contexto dos Estados Unidos, como também no contexto brasileiro, bem como em outras áreas onde haja divisões e tensões bem definidas. A diferença mais importante encontra-se em como projetar e implementar programas que atendam às diferentes necessidades de cada contexto. Acharia mais fácil responder à sua pergunta no contexto brasileiro. De qualquer modo, teoricamente, sua pergunta necessariamente nos leva à questão importante de se é possível desenvolver, dentro de um espaço institucional, um programa de alfabetização crítica que contraria e neutraliza a tarefa fundamental exigida pelo poder dominante das escolas. Ou seja, precisamos discutir a reprodução da ideologia dominante, questão importante que tem sido discutida muito clara e amplamente por Henry Giroux e também por outros educadores norte-americanos.

As teorias da reprodução tendem a cair num exagero mecânico, com o qual interpretam o fato real e concreto de que o sistema educacional reproduz a ideologia dominante. Dentro do sistema educacional, contudo, existe outra tarefa a ser executada pelos educadores conscientes, independentemente dos desejos da classe dominante. A tarefa educacional, da perspectiva da classe dominante, é reproduzir sua ideologia. Mas a tarefa educativa que contraria o processo reprodutivo não pode ser levada a cabo por quem quer que opte pelo *status quo*. Essa tarefa só pode ser levada a cabo pelo educador que, de fato, se recuse a manter a desigualdade inerente ao *status quo*.

O educador progressista rejeita os valores dominantes impostos à escola porque possui um sonho diferente, porque quer transformar o *status quo*. Naturalmente, transformar o *status quo* é muito mais difícil do que mantê-lo. A questão que você propôs tem a ver exatamente com essa teoria. Como disse, o espaço educacional reproduz a ideologia dominante. Contudo é possível, dentro das instituições educacionais, atuar contrariamente aos valores dominantes impostos.

A reprodução da ideologia dominante implica necessariamente a ocultação de verdades. O desvendamento da realidade está dentro do espaço de mudança possível em que os educadores progressistas e politicamente claros devem atuar. Creio que esse espaço de mudança, ainda que pequeno, sempre existe. Nos Estados Unidos, onde a sociedade é muito mais complexa do que no Brasil, a tarefa de realçar a realidade é mais difícil. Nessa tarefa, é necessário que os educadores assumam uma postura política que se recuse a reconhecer o mito da neutralidade pedagógica.

Esses educadores não podem limitar-se a ser meros especialistas em educação. Não podem ser educadores preocupados apenas com as dimensões técnicas do bilinguismo, por exemplo, sem uma compreensão global das implicações políticas e ideológicas do bilinguismo e do pluriculturalismo nos Estados Unidos. Os educadores devem tornar-se indivíduos conscientes que vivem parte de seus sonhos dentro do espaço educacional.

Os educadores não terão êxito atuando sozinhos; têm de trabalhar em colaboração a fim de serem bem-sucedidos na integração dos elementos culturais produzidos pelos alunos subalternos em seu processo educativo. Finalmente, esses educadores têm que inventar e criar métodos com os quais utilizem ao máximo o espaço limitado de mudança possível que têm a seu dispor. Precisam utilizar o universo cultural de seus alunos como ponto de partida, fazendo com que eles sejam capazes de reconhecer-se como possuidores de uma identidade cultural específica e importante.

A utilização bem-sucedida do universo cultural dos alunos exige respeito e legitimação do discurso deles, ou seja, de seus próprios códigos linguísticos, que são diferentes mas nunca inferiores. Os educadores devem também respeitar e compreender os sonhos e expectativas dos alunos. No caso dos norte-americanos negros, por exemplo, os educadores devem respeitar a língua inglesa dos negros. É possível codificar e decodificar o inglês negro com a mesma facilidade que o inglês norte-americano padrão. A diferença é que os norte-americanos negros acharão infinitamente mais fácil codificar e decodificar o dialeto de que eles próprios são os autores. A legitimação do inglês negro como uma ferramenta educativa não elimina, porém, a necessidade de adquirir proficiência no código linguístico do grupo dominante.

Macedo: Além da questão do código linguístico, os educadores devem compreender as maneiras pelas quais os diversos dialetos codificam visões de mundo diversas. O valor semântico de itens léxicos específicos pertencentes ao inglês negro é, em alguns casos, radicalmente diferente da interpretação derivada do dialeto padrão, dominante. A primeira questão importante é que o código linguístico dos norte-americanos negros não só reflete sua realidade, como ainda sua experiência vivida num dado momento histórico. Palavras que contêm em si a cultura da droga, a alienação quotidiana, a luta pela sobrevivência nas condições inferiores e desumanas dos guetos — essas constituem um discurso que os norte-americanos negros não têm dificuldade alguma em utilizar.

A partir dessa realidade crua e às vezes cruel é que os alunos negros podem começar a desvendar a confusão que caracteriza sua existência no dia a dia, dentro e fora das escolas. Por isso, sua linguagem constitui ferramenta poderosa para desmistificar a realidade distorcida antecipadamente preparada para eles pelo currículo dominante. Como vamos expor no último capítulo deste livro, a linguagem jamais deve ser compreendida como mera ferramenta de comunicação. A linguagem vem de envolta com a ideologia e, por essa razão, tem-se que lhe dar proeminência em qualquer pedagogia radical que se proponha propiciar espaço para a emancipação do aluno.

FREIRE: Mediante o uso de todas as dimensões da linguagem, do gosto etc. dos alunos, é que se será capaz, com eles, de chegar ao conteúdo programático oficial. Não se dirá aos que se encontram numa posição dependente e oprimida que não podem, por exemplo, opinar quanto à substância do estudo de ciências, porque esse tipo de exigência curricular interessa apenas aos alunos da classe dominante. Os alunos "subalternos" também têm necessidade das habilidades adquiridas pelo estudo do currículo dominante. Contudo, essas habilidades jamais devem ser impostas com o sacrifício de uma compreensão global da realidade que permita que os alunos desenvolvam uma autoimagem positiva antes de enfrentarem o tipo de conhecimento que está fora de seu mundo imediato.

Somente depois de se haverem apropriado firmemente de seu próprio mundo é que podem começar a adquirir outros conhecimentos. A aquisição do seleto conhecimento contido no currículo dominante deve ser uma meta atingida pelos alunos "subalternos" no decorrer do processo de *empowerment* individual e grupal. Eles podem utilizar o conhecimento dominante com eficiência em sua luta para mudar as condições materiais e históricas que os têm escravizado. Não devem, porém, jamais, permitir que o conhecimento que beneficia a classe dominante os domestique ou, como em alguns casos ocorre, os transforme em pequenos opressores. O currículo dominante deve gradativamente vir a ser dominado pelos alunos "dependentes", de modo a ajudá-los em sua luta pela equidade social e pela justiça social.

Essa visão é política e não meramente *epistemológica*. Ou seja, no caso dos norte-americanos negros, eles precisam dominar plenamente a língua inglesa padrão a fim de lutar com eficiência pela própria preservação e por sua plena participação na sociedade. Isso não significa, porém, que o inglês norte-americano padrão seja mais bonito do que o inglês negro, ou superior a ele. A noção de superioridade linguística é uma coisa imposta artificialmente.

MACEDO: Então, o inglês padrão deve ser visto como uma arma contra as forças opressoras que utilizam esse dialeto dominante como um meio de manter a ordem social atual. Deve-se salientar, também, que o domínio crítico do dialeto padrão jamais pode ser atingido plenamente, sem o desenvolvimento da voz de cada um, que está contida no dialeto social que conforma a realidade desse indivíduo.

Freire: Exatamente. É isso que quero dizer quando falo nas necessárias dimensões políticas e ideológicas em qualquer pedagogia que se proponha ser crítica. A questão dos métodos está diretamente vinculada à capacidade criativa e inventiva dos educadores políticos. A criatividade exige evidentemente correr riscos. As tarefas educativas de que temos falado até agora podem ser executadas mediante uma compreensão global da natureza política e ideológica dos educadores e mediante uma disposição para ser criativo e para correr os riscos que permitirão que essa criatividade prospere. Em sociedades altamente modernizadas como os Estados Unidos, tenho observado que as pessoas trazem consigo uma longa experiência histórica capitalista que corrobora o tema geral de a existência humana sempre evoluir do medo — medo, por exemplo, de não ter estabilidade, medo que faz com que os educadores fiquem bem-comportados por muitos anos para conseguirem estabilidade. Muitos anos mais tarde, se não conseguiram estabilidade, mantêm-se domesticados de medo de perder uma segunda oportunidade de estabilidade. Se a estabilidade lhes é recusada, só se preocupam em tentar compreender qual terá sido a conduta errada que os levou a ter negada a estabilidade. Se são contemplados com a estabilidade, não há, naturalmente, razão alguma para alterarem o comportamento pelo qual lhes foi concedido o prêmio da estabilidade.

Macedo: Concordo com isso, mas julgo importante que se compreenda esse medo de correr riscos ou de ser inventivo, bem como os mecanismos sociais que lhe dão origem. Em alguns casos, os educadores sacrificam princípios educativos e morais para ajudar a manter um *status quo* por eles identificados como não criativo, apenas para poderem receber a recompensa da estabilidade ou do progresso social pessoal. Esse compromisso está ligado a uma falta de nitidez política, o que, a longo prazo, elimina qualquer possibilidade de que esses educadores venham a engajar-se numa práxis educativa que conduza à conscientização. Você não quer falar sobre esse problema da nitidez política entre os educadores das sociedades altamente modernizadas, como os Estados Unidos?

FREIRE: Antes de estender-me sobre o que você chama de "nitidez política", vamos, primeiro, definir esse conceito. Vou procurar explicar o que algumas vezes tenho chamado de "nitidez política antes de uma ação", algo necessário ao processo de evolução da práxis política.

Nossa primeira preocupação diz respeito ao advérbio *antes* empregado na expressão "antes de uma ação". Esse *antes* refere-se a uma determinada ação, digamos a ação A, a ser realizada como tarefa política no processo de luta e de transformação. Esse *antes* não se refere a nenhuma forma de ação para alcançar a nitidez na "leitura" da realidade. Sua compreensão exige que prolonguemos nossa experiência crítica e radical no mundo. Compreender a sensibilidade do mundo não ocorre exteriormente a nossa prática, isto é, a prática vivida ou a prática sobre a qual refletimos.

Em última análise, o que tenho chamado de "nitidez ou clareza política" não se encontra na repetição meramente mecânica, por exemplo, de críticas formais ao imperialismo norte-americano, ou na recitação (não menos mecânica) de frases de Marx. Esse tipo de postura intelectual não tem nada a ver com minha ideia de nitidez política.

A nitidez política é necessária para o engajamento mais profundo na práxis política e é realçada nessa prática. Essa concepção foi muito bem apanhada por Frei Betto, em um livro que há pouco tempo "falamos" juntos no Brasil, *Uma escola chamada vida*. Segundo Betto, uma pessoa politizada, (que, mais, ou menos, possui nitidez política) é aquela que transcendeu a percepção da vida como mero processo biológico para chegar a uma percepção da vida como processo biográfico, histórico e coletivo.

Nesse momento, essa pessoa conceptualiza aquilo que Betto chama de "um varal de informação". No varal, podemos ter um fluxo de informação e, no entanto, permanecer incapazes de ligar uma peça de informação à outra. Uma pessoa politizada é aquela que pode classificar as peças diferentes, e muitas vezes fragmentadas, contidas no fluxo. Essa pessoa deve ser capaz de esquadrinhar o fluxo de informação e relacionar, por exemplo, Pinochet e Reagan, ou compreender o conteúdo ideológico da expressão "combatentes da liberdade" quando aplicada aos *Contras*, empenhados em sabotar o processo revolucionário da Nicarágua. Essa pessoa percebe a ideologia no conteúdo "terrorismo" quando aplicado à ação militar contra uma ditadura cruel que mantém um esquadrão da morte extremamente eficiente matando milhares de mulheres, crianças e outros cidadãos inocentes. Noam Chomsky, por exemplo, analisa sucintamente a política norte-americana na América Latina em *Turning the Tide*, chamando a atenção para as contradições na intervenção dos Estados Unidos.

A nitidez política é possível na medida em que se reflita criticamente sobre os fatos do dia a dia e na medida em que se transcenda à própria sensibilidade (a capacidade de senti-los, ou de tomar conhecimento deles) de modo que, progressivamente, se consiga chegar a uma compreensão mais rigorosa dos fatos. Mesmo antes disso, ainda no nível da sensibilidade, é possível começar a tornar-se nítido politicamente. Isso se dá no processo biográfico, histórico e coletivo de Betto (acima mencionado).

A meu ver, uma das possibilidades que se tem ao trabalhar com um grupo de intelectuais, alunos, por exemplo, é desafiá-los a compreender a realidade social e histórica, não de um fato ocorrido, mas de um fato que esteja ocorrendo. A realidade, nesse sentido, é o processo de vir a ser.

É preciso desafiar os alunos a compreender que, como sujeitos cognoscentes, a relação que se tem com objetos cognoscíveis não se pode reduzir apenas aos objetos. É preciso atingir um nível de compreensão da totalidade complexa de relações entre os objetos. Ou seja, é preciso desafiá-los a tratar criticamente o "varal de informação" com que estão trabalhando.

Quer se atue em nível de universidade, ou em educação de adultos, quer envolvidos na mera sensibilidade dos fatos, ou na busca de uma compreensão mais rigorosa destes, uma das dificuldades no tratamento crítico das diferentes "peças" de informação do "varal" é a de que sempre há obstáculos que ofuscam a nitidez política. Não fossem esses obstáculos ideológicos, como explicar a facilidade com que se aceitam as declarações do presidente Reagan de que um país pobre e fraco como Grenada representa uma ameaça à força gigantesca dos Estados Unidos?

A nitidez política implica sempre uma compreensão dinâmica entre a sensibilidade menos coerente do mundo e uma compreensão mais coerente do mundo. Mediante a prática política, a sensibilidade menos coerente do mundo começa a ser superada e as buscas intelectuais mais rigorosas dão origem a uma compreensão mais coerente do mundo. Considero essa transição para uma sensibilidade mais coerente um dos momentos fundamentais em qualquer práxis educativa que procure ir além da mera descrição da realidade.

É preciso haver nitidez política antes que se compreenda a ação política de erradicação do analfabetismo nos Estados Unidos ou em qualquer outro lugar. Educadores sem nitidez política podem, quando muito, ajudar os alunos a ler a palavra, mas são incapazes de ajudá-los a ler o mundo. Uma campanha de alfabetização que torne os alunos capazes de ler o mundo exige nitidez política.

MACEDO: Muitos educadores nos Estados Unidos têm tentado pôr em prática sua teoria da alfabetização. Muitas vezes eles se queixam de que você não oferece nenhuma informação de "como fazer" para pôr em prática suas ideias teóricas e suas experiências em outras regiões do mundo, particularmente na África e na América Latina. Em primeiro lugar, você considera válidas essas críticas? Se não considera, poderia atender às ansiedades de muitos educadores bem-intencionados que, talvez, sintam-se ainda escravos de uma cultura educacional de manuais de "como fazer"?

FREIRE: Essa pergunta tem duas partes. A primeira, refere-se a minha reserva em dizer aos educadores o que fazer. A segunda ocupa-se de minha falta de direção nas teorias que tenho proposto.

Vejamos a primeira parte. O que é que se origina de qualquer prática? Experiências e práticas não podem ser exportadas, nem importadas. Decorre daí que é impossível satisfazer o pedido de quem quer que seja para importar práticas de outros contextos. De que modo uma cultura com uma história diferente e num momento histórico diferente pode aprender com outra cultura? Como pode uma sociedade aprender com a experiência de outra, uma vez que é impossível exportar ou importar práticas e experiências?

Ao fazer essas indagações, não quero dizer que seja impossível aprender com as práticas de outros. Amílcar Cabral, que amava a cultura africana, disse que o respeito que se tem por ela não significa que se devam ignorar os elementos positivos de outras culturas, que podem mostrar-se essenciais ao seu desenvolvimento. Falando na impossibilidade de se exportarem práticas, não estou negando a validade de práticas estrangeiras. Nem estou negando a necessidade de intercâmbio. O que estou dizendo é que elas devem ser reinventadas.

MACEDO: Explique concretamente de que modo se podem reinventar a prática e a experiência de alguém.

FREIRE: Deve-se fazer uma abordagem crítica da prática e da experiência a ser reinventada.

MACEDO: O que você quer dizer com abordagem crítica?

FREIRE: Abordar criticamente as práticas e as experiências de outros é compreender a importância dos fatores sociais, políticos, históricos, culturais e econômicos relacionados com a prática e a experiência a ser reinventada. Em outras palavras, a reinvenção exige a compreensão histórica, cultural, política, social e econômica da prática e das propostas a serem reinventadas.

Esse processo crítico aplica-se, também, à leitura de livros. Por exemplo, como aplicar as ideias de Lenin ao contexto latino-americano, sem empenhar-se em ter uma compreensão crítica, política e histórica do momento em que Lenin escreveu? Não posso simplesmente passar por alto um texto escrito de Lenin relativo a uma determinada Rússia, num dado momento histórico. No prefácio de uma nova edição desse texto, Lenin chamou a atenção para a necessidade de se ter uma compreensão crítica do momento em que escrevera o texto. Em nosso caso, é necessário, também, compreender o momento histórico, político, social, cultural e econômico, as condições concretas que levaram Lenin a criar o texto pela primeira vez. Não posso, pois, simplesmente usar o texto de Lenin e aplicá-lo literalmente ao contexto brasileiro, sem revê-lo, sem reinventá-lo.

MACEDO: Em que consistiria essa reescrita do texto?

FREIRE: Na medida em que eu compreendo os parâmetros da luta que se travava na Rússia ao tempo de Lenin, posso começar a compreender o que está acontecendo no Brasil de hoje. Posso começar a perceber quão válidos são certos princípios gerais de modo que possam ser reinventados. Outros princípios podem ter que ser adaptados a nosso contexto. Creio ser impossível ler qualquer texto sem uma compreensão crítica do contexto a que se refere.

Voltemos a sua pergunta sobre por que me recuso a dar as chamadas receitas de "como fazer". Quando um educador norte-americano lê minha obra e não concorda necessariamente com tudo que digo (afinal, pode até não concordar comigo em nada), mas sente-se tocado pelo que escrevi, em vez de simplesmente me imitar, poderá começar a praticar tentando compreender criticamente as condições contextuais de onde atuei. Esse educador pode compreender plenamente as condições econômicas, sociais, culturais e históricas que culminaram, por exemplo, no ato de escrever *Pedagogia do oprimido*.

Os educadores devem também investigar todas essas condições em seus próprios contextos. Quando alguém pensa sobre o contexto que deu origem à *Pedagogia do oprimido* e pensa, também, sobre seu próprio contexto, poderá começar a recriar a *Pedagogia do oprimido*. Se os educadores forem fiéis a essa reinvenção radical, compreenderão minha insistência em que os educandos devam assumir o papel de sujeitos cognoscentes; ou seja, sujeitos que conhecem juntamente com o educador, que é também um sujeito cognoscente. Esse é o princípio para a tomada de uma atitude epistemológica, filosófica, pedagógica e política.

Uma coisa é ler minha obra a fim de identificar-se com minhas posições e decidir se elas são válidas. Mas não se devem fazer as mesmas coisas que fiz em minha prática.

Essencialmente, os educadores devem trabalhar muito para que os educandos assumam o papel de sujeitos cognoscentes e possam viver essa experiência de sujeitos. Educadores e educandos não precisam fazer exatamente as mesmas coisas que eu fiz para que tenham a experiência de ser um sujeito. Isso porque as diferenças culturais, históricas, sociais, econômicas e políticas que caracterizam dois ou mais contextos começarão a desempenhar um papel na definição do relacionamento tenso entre educador e educando, ou seja, os chamados valores de uma determinada sociedade. Essa é a razão por que me recuso a escrever um manual de "como fazer", ou a oferecer uma receita passo a passo.

Não poderia dizer aos educadores norte-americanos o que fazer, mesmo que eu quisesse. Não conheço os contextos e as condições materiais em que os educadores norte-americanos devem trabalhar. Não é que eu não saiba como dizer o que devem fazer. Ao contrário, não sei é o que dizer precisamente, porque minhas próprias opiniões foram moldadas pelos meus próprios contextos. Não nego que possa dar uma colaboração aos educadores norte-americanos. Creio que o tenho feito em visitas aos Estados Unidos e ao participar de discussões concretas com diversos grupos a respeito de seus respectivos projetos. Nessas discussões, tenho sugerido que, dada minha experiência, tenho condições de facilitar-lhes o trabalho. Não posso, porém, escrever um texto composto de conselhos e sugestões universais.

Quando alguns educadores me criticam quanto a isso, revelam o quão influenciados estão pela ideologia dominante contra a qual lutam e como não conseguiram ainda compreender as maneiras como a reproduzem.

Certa vez, sugeri a um grupo de estudantes norte-americanos que pensassem no seguinte para suas teses de mestrado: quantos textos havia nos Estados Unidos em 1984, por exemplo, sobre como fazer amigos, como conseguir um bom emprego, como desenvolver habilidades; isto é, textos que principalmente dão receitas. Esses textos se explicam em termos no contexto geral que lhes dá origem. Há muitos educadores que recebem bem esse gênero de textos, que essencialmente contribuem para uma maior desqualificação. Recuso-me a escrever esse gênero de texto, porque minhas convicções políticas são contrárias à ideologia que alimenta esse tipo de domesticação da mente.

Para mim, a tarefa mais importante que tenho nos Estados Unidos, ou onde quer que seja, é dizer: Olhe aqui, minha posição política é A, B e C. Essa posição política exige de mim que mantenha consistentes entre si meu discurso e minha prática. Isso implica diminuir a distância entre eles. Diminuir a distância entre o discurso e a prática é o que denomino "coerência".

Em qualquer contexto, falo a respeito de minha prática e, com base na reflexão, elaboro teoricamente minha prática. Daí para diante, tenho de desafiar outros educadores, inclusive os de meu próprio país, a tomarem minha prática e minhas reflexões como objeto de suas reflexões pessoais e a analisarem seu próprio contexto de modo que possam começar a reinventá-las na prática. Esse é meu papel como educador; e não pretender, arrogantemente, ser um educador de educadores dos Estados Unidos.

MACEDO: Essa falta de coerência de que você falou é um problema. Muito embora alguns educadores norte-americanos concordem com você teoricamente, na prática continuam ainda condicionados pela ideologia dominante. Pode ser que o fato de não se conseguir estabelecer uma harmonia entre teoria e prática conduza a uma colisão frontal com a coerência necessária para manter uma visão sucinta do projeto político e pedagógico disponível. Pode ser que, sem o saber, eles reproduzam elementos da ideologia dominante que contraria os princípios fundamentais de sua teoria.

FREIRE: Exatamente. E isso, é claro, não acontece apenas nos Estados Unidos; acontece também no Brasil. É enorme a distância que existe, no Brasil, entre o "discurso revolucionário" de certos educadores e sua prática. É muito comum encontrar intelectuais que discutem autoritariamente o direito de as classes subalternas se libertarem. O simples fato de falarem da classe trabalhadora como objeto de suas reflexões cheira a elitismo por parte desses intelectuais. Só há um modo de superar esse elitismo que também é autoritário e implica inconsistência do discurso revolucionário dos intelectuais. Esses intelectuais deviam parar de falar *sobre* as classes trabalhadoras e passar a falar *com* elas. Quando os educadores se expõem às classes trabalhadoras, automaticamente se reeducam.

MACEDO: Eles deviam também começar a compreender e a respeitar a produção cultural da classe trabalhadora; por exemplo, suas diversas formas de resistência como aspectos concretos de cultura.

FREIRE: Exatamente.

MACEDO: É importante também salientar, por exemplo, que a compreensão da produção cultural dos grupos subalternos é indispensável em qualquer tentativa de desenvolver algum tipo de alfabetização emancipadora. Agir de outro modo seria desenvolver estruturas pedagógicas disfarçadas de uma pedagogia radical com metas ocultas de assimilação dos alunos a esferas ideológicas da classe dominante. Na apreciação da cultura dos grupos subalternos é crucial o elemento de resistência e de que modo utilizá-lo como uma plataforma para possibilitar aos alunos se alfabetizarem em sua própria história e em suas experiências vividas.

Freire: Você tocou num ponto importante sobre o qual Henry Giroux se estende tão expressivamente em sua obra: o problema da resistência. Uma das lições que deviam aprender os educadores que se consideram progressistas deveria ser a compreensão crítica dos diversos níveis de resistência por parte das classes subalternas, isto é, os níveis de sua resistência dados os níveis de confronto entre elas e as classes dominantes.

A compreensão dessas formas de resistência conduz a uma apreciação melhor de sua linguagem; e, na verdade, não se pode compreender sua resistência se não se captar a essência de sua linguagem. A linguagem torna explícitos os modos pelos quais as pessoas vêm resistindo. Em outras palavras, a linguagem permite vislumbrar a maneira como as pessoas sobrevivem.

A compreensão da resistência leva a que se perceba a "astúcia" das classes oprimidas como um modo de defesa contra as dominantes. Essa astúcia é social na medida em que faz parte da rede social da classe oprimida. Essa sagacidade se mostra claramente no uso de sua linguagem, em sua arte, de sua música e até mesmo de sua filosofia. O corpo dos oprimidos desenvolve uma imunização para defender-se das duras condições a que é submetido. Não fosse assim, seria impossível explicar como milhões de latino-americanos e de africanos continuam sobrevivendo em condições subumanas. Em condições semelhantes, você, ou eu, não duraria mais do que uma semana. Nossos corpos nunca tiveram que desenvolver o sistema imunológico para lutar contra esse tipo de realidade dura.

Repetindo, compreender a realidade do oprimido, refletida nas diversas formas de produção cultural — linguagem, arte, música —, leva a uma compreensão melhor da expressão cultural mediante a qual as pessoas exprimem sua rebeldia contra os dominantes. Essas expressões culturais representam, também, o nível de luta possível contra a opressão.

Por exemplo, há murais e grafitos extraordinários na maioria das cidades dos Estados Unidos realizados por artistas desconhecidos, gente desempregada, relegada. São expressões tanto culturais quanto políticas. Visitei Chicago com um artista que utilizava essas formas de arte, e ele me falou sobre os artistas negros que pintam nas paredes dos prédios cenas do dia a dia das classes oprimidas. Embora extremamente artísticas e, portanto, estáticas, elas são também um ato político.

Essas obras de arte constituem um método astuto utilizado pelas classes dominantes para denunciar a dominação quase sempre violenta que sofrem. Denunciam por meio da expressão artística e, às vezes, dissimulam a denúncia sob a expressão artística. É esse contexto de opressão que ocasiona a necessidade das classes oprimidas de serem astutas e de resistirem. Giroux está certo: toda pedagogia radical deve, primeiro, compreender plenamente a dinâmica da resistência por parte dos educandos. No ano passado, por exemplo, foi publicado um livro interessante no Brasil: *A festa do povo: pedagogia da resistência*.[48] O autor analisa diversas expressões culturais, diferentes momentos festivos do povo, não como meras expressões folclóricas, mas como expressões culturais por meio das quais as pessoas exprimem sua resistência.

Desse ponto de vista, a compreensão cultural é fundamental para o educador radical. A diferença básica entre um educador reacionário e um radical tem a ver com as manifestações de resistência. O educador reacionário interessa-se em conhecer os níveis de resistência e as formas que ela assume de modo a poder sufocar essa resistência. Um educador radical quer conhecer as formas e os modos como resiste o povo, não para dissimular as razões da resistência, mas para explicar no nível teórico a natureza dessa resistência.

MACEDO: Um educador radical não deve ficar exclusivamente no nível da teoria. Deve utilizar a resistência como uma ferramenta que possibilite aos alunos se alfabetizarem em sua própria cultura, tanto quanto nos códigos das classes dominantes.

FREIRE: A diferença entre os educadores reacionário e radical é que o reacionário quer saber sobre a resistência para dissimulá-la ou eliminá-la, enquanto o radical quer saber sobre a resistência para compreender melhor o discurso de resistência, para propiciar estruturas pedagógicas que possibilitem que os alunos se emancipem.

MACEDO: Você poderia falar agora sobre a segunda parte de minha pergunta: sobre a falta de direção de suas propostas?

---

[48] Jorge Cláudio Noel Ribeiro, *A festa do povo: pedagogia da resistência*. Petrópolis: Vozes, 1982.

FREIRE: Como educador, você só pode manter uma atitude não diretiva, se você tenta fazer um discurso falaz; isto é, um discurso a partir da perspectiva da classe dominante. Somente nesse discurso falaz um educador pode falar a respeito de uma falta de direção. Por quê? Creio que isso se deve a que não há verdadeira educação sem uma diretriz. Na medida em que toda prática educativa transcende a si mesma, supondo um objetivo a ser atingido, não pode ser não diretiva. Não existe prática educacional que não aponte para um objetivo; isso prova que a natureza da prática educativa tem uma direção.

Proponho agora uma questão de epistemologia e de filosofia. A natureza diretiva da prática educativa que conduz a determinado objetivo deve ser vivida pelos educadores e educandos. Em outras palavras, como pode se comportar um educador nessa prática educativa em vista da natureza diretiva da educação? Em primeiro lugar, se esse educador defende, na prática, a célebre posição daqueles que lavam as próprias mãos quanto a tais questões (algo como Pôncio Pilatos), ele lava as mãos e é como se dissesse: "Como respeito os alunos e não sou diretivo, e como eles são indivíduos que merecem respeito, devem determinar sua própria direção." Esse educador não nega a natureza diretiva da educação, que independe de sua própria subjetividade. Simplesmente recusa a si mesmo a tarefa pedagógica e política de assumir o papel de sujeito dessa prática diretiva. Recusa-se a converter seus educandos àquilo que considera correto. Esse educador, então, acaba por ajudar a estrutura de poder.

Que outros caminhos viáveis existem relativos à natureza diretiva da educação? Outro caminho seria lutar contra a situação que acabo de descrever, isto é, lutar contra o *laissez-faire*. O educador deve ajudar os educandos a se envolverem no planejamento da educação, ajudá-los a criar a capacidade crítica para pensar sobre a direção e os sonhos da educação e para participar dessas coisas.

O educador autoritário está certo, muito embora nem sempre se explicite teoricamente, quando diz que não há educação que seja não diretiva. Não discordo de tal afirmação, mas não aceito que a diretividade da educação faça do educador necessariamente um autoritário.

A substantividade democrática, que é radical, se opõe ao espontaneísmo licencioso como à manipulação autoritária.

Na verdade, o contrário positivo do espontaneísmo não é a manipulação como o contrário positivo desta não é o espontaneísmo. O contrário positivo de ambos é o que venho chamando de substantividade democrática. Por isso é que, por negar e recusar o autoritarismo, não devo ser um educador licencioso da mesma forma como por negar e recusar a licenciosidade não devo ser um educador autoritário.

Em última análise, assumir a diretividade da educação, numa perspectiva democrática, implica, de um lado, jamais reduzir os educandos a meras sombras, proibidas de voz, de outro, jamais anular a figura do educador, transformado, assim, numa ausência presente.

4

ALFABETIZAÇÃO E PEDAGOGIA CRÍTICA
DONALDO MACEDO

Nos capítulos anteriores, desenvolvemos uma concepção da alfabetização como forma de política cultural. Em nossa análise, a alfabetização torna-se um construto significativo a ponto de ser encarada como um conjunto de práticas que atuam quer para *empower*, quer para *disempower* as pessoas. No sentido mais amplo, a alfabetização é analisada conforme sirva ela para reproduzir as formações sociais existentes, ou como um conjunto de práticas culturais que promovam a mudança democrática e emancipadora. Não só oferecemos uma teoria restaurada da alfabetização, como também análises concretas e históricas de campanhas de alfabetização em países como o Cabo Verde, São Tomé e Príncipe, e Guiné-Bissau. Além disso, afirmamos que as línguas africanas nativas desses países devem ser utilizadas nos programas de alfabetização, se se quiser que a alfabetização seja parte importante de uma pedagogia emancipadora. Nos casos que analisamos minuciosamente, o uso do português, em lugar das línguas africanas nativas, ou do crioulo, levou à reprodução de uma mentalidade elitista, neocolonialista. Neste capítulo, examinaremos com mais detalhe os programas de alfabetização à luz de teorias de produção e reprodução cultural. Também sustentaremos, com mais vigor, a utilização da língua nativa como pré-requisito para o desenvolvimento de qualquer campanha de alfabetização que pretenda servir como o meio para chegar-se a uma apropriação crítica da própria cultura e da própria história.

No correr dos últimos dez anos, a questão da alfabetização adquiriu nova importância entre os educadores. Infelizmente, o debate que surgiu a respeito tende a ser uma reciclagem de velhos pressupostos e valores relativos ao significado e à utilidade da alfabetização. A ideia de que a alfabetização é questão de aprender a língua padrão ainda permeia a enorme maioria dos programas de alfabetização e manifesta sua lógica na ênfase que, novamente, se dá à leitura técnica e às habilidades para a escrita.

Queremos reiterar, neste capítulo, que a alfabetização não pode ser encarada simplesmente como o desenvolvimento de habilidades que vise à aquisição da língua padrão dominante. Esse modo de ver sustenta uma ideia de ideologia que, sistematicamente, antes rejeita do que torna significativas as experiências culturais dos grupos linguísticos subalternos que são, de modo geral, o objeto de suas políticas. Para que a ideia de alfabetização ganhe significado, deve ser situada dentro de uma teoria de produção cultural e encarada como parte integrante do modo pelo qual as pessoas produzem, transformam e reproduzem significado. A alfabetização deve ser vista como um meio que compõe e afirma os momentos históricos e existenciais da experiência vivida que produzem uma cultura subalterna ou vivida. Daí, ser ela um fenômeno eminentemente político e dever ser analisada dentro do contexto de uma teoria de relações de poder e de uma compreensão da reprodução e da produção social e cultural. Por "reprodução cultural" entendemos experiências coletivas que atuam no interesse dos grupos dominantes, e não no interesse dos grupos oprimidos, objeto de suas políticas. Empregamos "produção cultural" para nos referir a determinados grupos de pessoas que produzem, medeiam e confirmam os elementos ideológicos comuns que emergem de suas experiências vividas diariamente e que as reafirmam. Neste caso, essas experiências originam-se nos interesses da autodeterminação individual e coletiva.

Essa postura teórica está subjacente ao exame que fazemos da maneira pela qual os sistemas de ensino público, nas ex-colônias portuguesas da África, têm desenvolvido políticas educacionais visando a eliminar a taxa de analfabetismo terrivelmente alta herdada do Portugal colonialista. Essas políticas destinam-se a erradicar o legado educacional colonial, que tinha como dogma principal a desafricanização total daqueles povos. A educação naquelas colônias era discriminatória, medíocre e baseada no verbalismo. Não podia contribuir em nada para a reconstrução nacional, pois não fora constituída com esse propósito. A escola era antidemocrática em seus métodos, em seu conteúdo, em seus objetivos. Divorciada da realidade do país, era, por isso mesmo, uma escola para uma minoria e, assim, contra a maioria.

Antes da independência desses países, em 1975, as escolas funcionavam como locais políticos em que as iniquidades de classe, sexo e raça eram produzidas e reproduzidas. Em sua essência, a estrutura educacional colonial era utilizada para inculcar, nos nativos africanos,[49] mitos e crenças

---

[49] Com o termo "africanos", referimo-nos aos nativos africanos pertencentes aos países da África que foram colonizados por Portugal. A bem da economia de

que anulavam e depreciavam suas experiências vividas, sua história, sua cultura e sua língua. As escolas eram consideradas fontes purificadoras em que os africanos podiam ser salvos de sua ignorância profundamente arraigada, de sua cultura "selvagem" e de sua língua abastardada que, segundo alguns estudiosos portugueses, era uma forma corrompida do português "sem regras gramaticais (elas não podem sequer ser aplicadas)".[50]

Esse sistema não podia fazer outra coisa senão reproduzir, nas crianças e nos jovens, a imagem que deles havia criado a ideologia colonial, a saber, a de seres inferiores, sem capacidade para nada.

Por um lado, a escola, nessas colônias, era usada com o propósito de desenraizar os nativos de sua cultura; por outro lado, aculturava-os a um modelo colonial preestabelecido. Escolas desse feitio funcionavam "como parte de um aparato ideológico do Estado destinado a assegurar a reprodução ideológica e social do capital e de suas instituições, cujos interesses se alicerçam na dinâmica da acumulação de capital e na reprodução da força de trabalho".[51] Essa força de trabalho instruída das ex-colônias portuguesas compunha-se principalmente de funcionários de nível inferior, cujas tarefas mais importantes eram a promoção e a manutenção do *status quo*. Seu papel adquiriu uma dimensão nova e importante quando foram utilizados como intermediários para, além disso, colonizar as possessões portuguesas na África. Assim, as escolas

---

palavras, selecionamos essa, mas queremos assinalar que temos plena consciência da grande variedade linguística e cultural existente na África.
[50] J. Caetano, *Boletim da Sociedade de Geografia*, Lisboa, s/d, p. 349.
[51] H.A. Giroux, *Theory and Resistance in Education: A Pedagogy for Opposition*, p. 87.

coloniais foram bem-sucedidas, na medida em que criaram uma classe pequeno-burguesa de funcionários que haviam internalizado a crença de que se haviam tornado "brancos", ou "negros de alma branca" e, por isso, eram superiores aos camponeses africanos que ainda praticavam o que se considerava uma cultura bárbara.

Esse processo de assimilação penetrou até o nível mais profundo de consciência, especialmente na classe burguesa. A respeito do tornar-se "branco", lembramo-nos, por exemplo, do caso de um cabo-verdiano negro, tão preocupado com sua negrura, que pagou a um respeitável cabo-verdiano branco para expedir um decreto proclamando-o branco. O homem, jocosamente, escreveu para ele num pedaço de papel "Dja'n branco dja", o que significa "Fui, por meio deste, declarado branco".

Após a independência e na reconstrução de uma nova sociedade nesses países, as escolas assumiram, como tarefa mais importante, a de "descolonização da mentalidade", como a denomina Aristides Pereira, e que Amílcar Cabral chama de "reafricanização da mentalidade". É evidente que tanto Pereira quanto Cabral tinham bem consciência da necessidade de criar um sistema de ensino em que se formulasse uma nova mentalidade purgada de todos os vestígios de colonialismo; sistema de ensino que permitisse que as pessoas se apropriassem de sua história, de sua cultura e de sua língua; sistema de ensino em que era imprescindível reformular os programas de geografia, história e de língua portuguesa, mudando todos os textos de leitura que estavam tão visceralmente impregnados da ideologia colonialista. Constituía prioridade absoluta que os alunos estudassem sua própria geografia, e não a de Portugal, os braços de mar e não o rio Tejo. Era absolutamente necessário que estudassem a própria história, a história da resistência de seu povo ao invasor e da luta por sua libertação, que lhes devolveu o direito de fazer a própria história — não a história de Portugal e das intrigas da corte.

A proposta de incorporar às escolas uma pedagogia radical foi recebida com pouco entusiasmo nesses países. Queremos mostrar que a desconfiança de muitos educadores africanos está profundamente enraizada na questão da língua (africana *versus* portuguesa) e levou à criação de uma campanha de alfabetização neocolonialista sob a bandeira superficialmente radical de acabar com o analfabetismo nas novas repúblicas. As dificuldades de reapropriação da cultura africana foram aumentadas pelo fato de que o veículo utilizado para essa luta foi a língua do colonizador. Como sustentaremos neste capítulo, a atual campanha de alfabetização nesses países preocupa-se, principalmente, com a criação de alfabetizados funcionais em língua portuguesa. Não mais fundamentada no capital cultural dos africanos subalternos, o programa deixou-se tomar por abordagens da alfabetização de caráter positivista e instrumental, preocupadas principalmente com a aquisição mecânica de habilidades na língua portuguesa.[52]

Antes de discutirmos a política de um programa de alfabetização emancipadora na África, ou alhures, gostaríamos de discutir diversas abordagens da alfabetização. Em primeiro lugar, discutiremos as abordagens filiadas a uma

---

[52] Pierre Bourdieu e Jean-Claude Passeron, *Reproduction in Education, Society and Culture.* Beverly Hills, Califórnia: Sage, 1977.

escola positivista e vinculadas ao processo de reprodução cultural. A seguir, analisaremos o papel da língua no processo de reprodução. Finalmente, mostraremos que a única abordagem da alfabetização compatível com a construção de uma sociedade anticolonial nova é a que se alicerça na dinâmica da produção cultural e que é animada por uma pedagogia radical. Ou seja, o programa de alfabetização de que se precisa é aquele que há de representar uma afirmação do povo oprimido e permitir-lhe recriar a própria história, cultura e língua; aquele que, ao mesmo tempo, ajude a levar os indivíduos assimilados, que se sentem cativos da ideologia colonial, a "cometer suicídio de classe".

Abordagens da alfabetização

Quase sem exceção, as abordagens tradicionais da alfabetização estiveram profundamente arraigadas num método positivista de pesquisa. Com efeito, isso tem resultado numa postura epistemológica em que se exaltam o rigor científico e o refinamento metodológico, enquanto "a teoria e o conhecimento são subordinados aos imperativos da eficiência e da mestria técnica, e a história, reduzida a uma menção de menor importância entre as prioridades da pesquisa científica 'empírica'".[53] De modo geral, essa abordagem abstrai as questões metodológicas dos respectivos contextos ideológicos e, consequentemente, ignora a inter-relação entre as estruturas sociopolíticas de uma sociedade e o ato de ler. Em parte, a exclusão das dimensões social e política da prática

---

[53] H.A. Giroux, *Theory and Resistance in Education*.

da leitura dá origem a uma ideologia de reprodução cultural, aquela que encara os leitores como "objetos". É como se seus corpos conscientes estivessem absolutamente vazios, esperando ser preenchidos pela palavra do professor. Embora seja importante analisar de que modo as ideologias enformam as diversas tradições de leitura, limitaremos nossa discussão, neste capítulo, a uma breve análise das mais importantes abordagens da alfabetização, vinculando-as ou à reprodução cultural, ou à produção cultural.

A abordagem acadêmica da leitura

É duplo o propósito atribuído à leitura na tradição acadêmica. Em primeiro lugar, a base racional dessa abordagem "deriva das definições clássicas do homem letrado — perfeitamente versado nos clássicos, articulado no falar e no escrever e ativamente engajado em atividades intelectuais".[54] Essa abordagem da leitura tem servido primordialmente aos interesses da elite. Neste caso, a leitura é encarada como a aquisição de formas preestabelecidas de conhecimento e organiza-se em torno do estudo do latim e do grego e do domínio das grandes obras clássicas. Em segundo lugar, uma vez que seria irrealista esperar que a grande maioria da sociedade atendesse a padrões tão elevados, redefiniu-se a leitura como a aquisição de habilidades de leitura e de decodificação, desenvolvimento de vocabulário, e assim por diante. Esse segundo fundamento racional serviu para

---

[54] Sean Walmsley, "On the Purpose and Content of Secondary Reading Programs". *Curriculum Inquiry*, 11, 1981, p. 78.

legitimar uma dupla abordagem da leitura: um nível para a classe dirigente, outro para a maioria despossuída. Segundo Giroux (*Theory and Resistance in Education*): "Esta segunda ideia ajusta-se principalmente aos alunos oriundos da classe trabalhadora, cujo capital cultural é considerado menos compatível e, portanto, inferior, em termos de complexidade e valor, ao conhecimento e valores da classe dominante."

Essa dupla abordagem acadêmica da leitura é, por seu próprio caráter, inerentemente alienadora. Por um lado, ignora a experiência de vida, a história e a prática linguística dos alunos. Por outro, dá demasiada ênfase ao domínio e à compreensão da literatura clássica e à utilização de material literário como "veículos para exercícios de compreensão (literal e interpretativa), para o desenvolvimento de vocabulário e para as habilidades de identificação de palavras".[55] Assim, a alfabetização fica despojada de suas dimensões sociopolíticas; funciona, na verdade, para reproduzir os valores e o significado dominantes. Não contribui de nenhum modo significativo para a apropriação da história, da cultura e da linguagem da classe trabalhadora.

A ABORDAGEM UTILITARISTA DA LEITURA

A meta principal da abordagem utilitarista é produzir leitores que atendam aos requisitos básicos de leitura da sociedade contemporânea. A despeito de seu atrativo progressista, essa abordagem enfatiza o aprendizado mecânico de habilidades de leitura, ao mesmo tempo que sacrifica a análise

---

[55] Id., ibid., p. 80.

crítica da ordem social e política que dá origem à necessidade de leitura em primeiro lugar. Essa posição levou ao desenvolvimento dos "alfabetizados funcionais", treinados primordialmente para atender aos requisitos de nossa sociedade tecnológica cada vez mais complexa. Esse modo de ver não é característico apenas dos países industrializados avançados do Ocidente; mesmo no Terceiro Mundo, a alfabetização utilitarista tem sido defendida como veículo para a melhoria econômica, acesso ao trabalho e aumento do nível de produtividade. Como foi formulado claramente pela Unesco, "os programas de alfabetização devem, preferencialmente, estar vinculados a prioridades econômicas. Devem transmitir não só leitura e escrita, como também conhecimento profissional e técnico, levando com isso a uma participação mais plena dos adultos na vida econômica".[56]

Essa ideia de alfabetização foi incorporada entusiasticamente como meta da maior importância pelos defensores da abordagem *back-to-basics* da leitura. Contribuiu, também, para o desenvolvimento de programas de leitura sob a clara forma de "pacotes", apresentados como solução para as dificuldades que os alunos experimentam na leitura de formulários de solicitação de emprego, ou de impostos, textos de publicidade, catálogos de vendas, rótulos e coisas semelhantes. De modo geral, a abordagem utilitarista encara a alfabetização como algo que atende às exigências básicas de leitura de uma sociedade industrializada. Como assinala Giroux:

> A alfabetização, dentro dessa perspectiva, funciona bem para fazer adultos mais produtivos como trabalhadores e cidadãos

---

[56] Unesco, *An Asian Model of Educational Development*. Paris: Unesco, 1966, p. 97.

numa dada sociedade. A despeito de seu apelo à mobilidade econômica, a alfabetização funcional reduz o conceito de alfabetização, e a pedagogia a que ele se ajusta, aos requisitos pragmáticos do capital; consequentemente, as noções de pensamento crítico, cultura e poder desaparecem sob os imperativos do processo de trabalho e da necessidade de acumulação de capital.[57]

Abordagem da leitura do ponto de vista do desenvolvimento cognitivo

Enquanto as abordagens acadêmica e utilitarista da leitura enfatizam o domínio das habilidades de leitura e encaram os leitores como "objetos", o modelo de desenvolvimento cognitivo dá destaque à construção do significado pelo qual os leitores se envolvem numa interação dialética entre eles e o mundo objetivo. Embora a aquisição de habilidades de alfabetização seja encarada como tarefa importante nessa abordagem, a característica marcante é o modo pelo qual as pessoas constroem o significado mediante processos de solução de problemas. A compreensão do texto fica relegada a posição de menor importância em benefício do desenvolvimento de novas estruturas cognitivas que podem capacitar os alunos a caminhar de tarefas simples de leitura para tarefas altamente complexas. Esse processo de leitura está extremamente influenciado pelas primeiras obras de John Dewey, e tem tomado forma em termos do desenvolvimento das estruturas cognitivas piagetianas. Segundo o modelo de desenvolvimento cognitivo, a leitura é encarada como

---

[57] H.A. Giroux, *Theory and Resistance in Education*.

um processo intelectual, "mediante uma série de etapas de desenvolvimento fixas, não valorativas e universais.[58]

Desse modo, o modelo do desenvolvimento cognitivo evita a crítica das visões acadêmica e utilitarista da leitura e deixa de considerar o conteúdo do que é lido. Em lugar disso, dá ênfase a um processo que permite que os alunos analisem e critiquem as questões levantadas no texto com um nível crescente de complexidade. Raramente, porém, essa abordagem se preocupa com questões de reprodução cultural. Uma vez que o capital cultural dos alunos — isto é, sua experiência de vida, sua história e sua linguagem — é ignorado, dificilmente eles serão capazes de engajar-se numa reflexão crítica completa, com respeito à própria experiência prática e aos fins que os motivam para, finalmente, organizarem suas descobertas e, desse modo, substituírem a mera opinião a respeito dos fatos por uma compreensão cada vez mais rigorosa de sua significação.

A ABORDAGEM ROMÂNTICA DA LEITURA

Como o modelo do desenvolvimento cognitivo, a abordagem romântica baseia-se numa abordagem interacionista centrada principalmente na construção do significado; contudo, a abordagem romântica encara o significado como sendo gerado pelo leitor e não como se dando na interação entre o leitor e o autor via texto. A modalidade romântica enfatiza enormemente o afetivo e encara a leitura como a satisfação do ego e como uma experiência prazerosa. Certo

---

[58] S. Walmsley, op. cit., p. 82.

autor exaltou "o íntimo reavivar de novas visões da personalidade e da vida implícito na obra (de literatura); o prazer e o relaxamento das tensões que podem fluir de uma experiência como essa, [...] o aprofundamento e a ampliação da sensibilidade para a qualidade sensual e o impacto emocional da existência quotidiana".[59]

Em sua essência, a abordagem romântica da leitura apresenta um contraponto às modalidades autoritárias de pedagogia que encaram os leitores como "objetos". Contudo, essa abordagem aparentemente liberal da alfabetização deixa de problematizar o conflito de classe e as desigualdades de sexo e de raça. Mais ainda, o modelo romântico ignora completamente o capital cultural dos grupos subalternos e supõe que todas as pessoas têm igual acesso à leitura, ou que essa leitura faz parte do capital cultural de todas as pessoas. Como deixa de levantar questões de capital cultural e de diversas desigualdades estruturais, isso significa que o modelo romântico tende a reproduzir o capital cultural da classe dominante a que a leitura está intimamente vinculada. É impertinente e ingênuo esperar que um aluno da classe trabalhadora, confrontado e vitimado por infinitas desvantagens, encontre alegria e autoafirmação apenas pela leitura. Mais importante, porém, é que a tradição romântica deixa de vincular a leitura às relações assimétricas de poder dentro da sociedade dominante, relações essas que não só estabelecem e legitimam determinadas abordagens

---

[59] Louise Rosenblatt, "The Enriching Values of Reading", in William S. Gray, (org.), *Reading in an Age of Mass Communication*. Nova York: Appleton-Century-Crofts, 1949, pp. 37-8.

à leitura, mas também *disempower* determinados grupos, excluindo-os desse processo.

Até este ponto, temos mostrado que todas essas abordagens da alfabetização têm deixado de proporcionar um modelo teórico para *empowering* os agentes históricos com a lógica da autodeterminação individual e coletiva. Embora essas abordagens possam divergir quanto a seus pressupostos básicos a respeito da alfabetização, todas elas compartilham um traço comum: todas elas ignoram o papel da linguagem como força da maior importância na construção das subjetividades humanas. Isto é, ignoram o modo pelo qual a linguagem pode confirmar ou rejeitar as histórias e as experiências de vida das pessoas que a empregam. Isso se torna mais evidente em nossa análise do papel da língua nos programas de alfabetização.

O papel da língua na alfabetização

Nesta seção, vamos recorrer, na maioria das vezes, a campanhas em ex-colônias portuguesas na África de que participamos, direta ou indiretamente, e das quais, posteriormente, acompanhamos o desenvolvimento no correr dos anos. Muito embora frequentemente venhamos a fazer referência a essas experiências de alfabetização, acreditamos, contudo, que as questões que levantamos a respeito do papel da língua na alfabetização podem ser generalizadas para qualquer contexto linguístico em que existam relações assimétricas de poder.

Os programas de alfabetização nas ex-colônias portuguesas da África têm sido perturbados pela permanente discussão a respeito de se a língua de instrução deve ser a língua oficial portuguesa ou as línguas nativas. Essa discussão, porém, oculta questões de natureza mais grave, que raramente são levantadas. Isso está de acordo com a afirmação de Gramsci de que: "A cada momento em que, de um modo ou de outro, a questão da língua passa para o primeiro plano, isto significa que uma série de outros problemas está prestes a surgir, a formação e ampliação da classe dominante, a necessidade de estabelecer relações mais 'íntimas' e seguras entre os grupos dominantes e as massas populares nacionais, ou seja, a reorganização da hegemonia cultural."[60] A afirmação de Gramsci ilumina a questão subjacente aos debates a respeito da língua nas campanhas de alfabetização que temos discutido neste livro, debates em que não há ainda acordo sobre se a língua nativa é realmente adequada para ser uma língua de ensino. Esses educadores utilizam, repetidas vezes, a falta de uniformidade ortográfica das línguas africanas como argumento para justificar sua atual política de utilização do português como o único meio de ensino de leitura. A questão que levantam é a de em que dialeto tal ortografia deveria basear-se. Contudo, o argumento mais comum é o de que a língua portuguesa possui *status* internacional e, por isso, assegura a mobilidade ascendente aos africanos instruídos em português.

A triste realidade é que, embora o ensino em português propicie o acesso a postos de poder político e econômico para o alto escalão da sociedade africana, ele seleciona negativamente a maior parte das massas, que

---

[60] Antonio Gramsci, apud James Donald, op. cit.

não consegue aprender o português suficientemente bem para adquirir a alfabetização necessária para progredir social, econômica e politicamente. Ao oferecer um programa de alfabetização executado na língua dos colonizadores, visando à reapropriação da cultura africana, esses educadores desenvolveram, na verdade, novas estratégias manipulativas que alicerçam a manutenção da dominação cultural portuguesa. O que se oculta, nesses países, sob o debate a respeito da língua é possivelmente uma resistência à reafricanização, ou, talvez, uma sutil recusa por parte dos africanos assimilados, a "cometer suicídio de classe".

As implicações pedagógicas e políticas desses programas de alfabetização são de longo alcance e, contudo, amplamente ignoradas. Os programas de leitura contradizem, muitas vezes, um princípio fundamental da leitura, a saber, que os alunos aprendem a ler mais depressa e com melhor compreensão quando ensinados em sua língua nativa. O reconhecimento imediato de palavras e experiências familiares acentua o desenvolvimento de um autoconceito positivo nas crianças que são algo inseguras quanto ao *status* de sua língua e cultura. Por essa razão, e para ser coerente com o plano de construção, nessas ex-colônias, de uma nova sociedade livre de vestígios de colonialismo, um programa de alfabetização deveria ter como base racional o fato de que um programa desse tipo deve estar enraizado no capital cultural dos africanos subalternos e ter, como ponto de partida, a língua nativa.

Os educadores devem desenvolver estruturas pedagógicas radicais que propiciem aos alunos a oportunidade de utilizar sua própria realidade como base para a alfabetização. Isso inclui, evidentemente, a língua que trazem consigo para a sala de aula. Agir de outra maneira será negar aos alunos os direitos que estão no cerne da noção de uma alfabetização emancipadora. Se não se conseguir basear um programa de alfabetização na língua nativa, isso significa que forças contrárias podem neutralizar os esforços dos educadores e dos líderes políticos para conseguir a descolonização das mentes. Os educadores e os líderes políticos devem reconhecer que "a língua é, inevitavelmente, uma das principais preocupações de uma sociedade que, libertando-se do colonialismo e recusando-se a ser arrastada para um neocolonialismo, busca a própria recriação. Na luta para recriar uma sociedade, a reconquista, pelo povo, de seu próprio mundo torna-se fator fundamental".[61] É da máxima importância que se dê a mais alta prioridade à incorporação da língua dos alunos como língua principal de ensino na alfabetização. Por meio da própria língua é que serão capazes de reconstruir a própria história e a própria cultura.

Nesse sentido, a língua dos alunos é o único meio pelo qual podem desenvolver sua própria voz, pré-requisito para o desenvolvimento de um sentimento positivo do próprio valor. Como afirma Giroux admiravelmente, a voz dos alunos "é o meio discursivo para que se façam 'ouvir' e para que se definam como autores ativos do próprio mundo".[62] A autoria do próprio mundo, que

---

[61] J. Kenneth, "The Sociology of Pierre Bourdieu". *Educational Review*, 25, 1973.
[62] H.A. Giroux e Peter McLaren, "Teacher Educational and the Politics of Engagement". *Harvard Educational Review*, agosto de 1986, p. 235.

também implicaria a própria língua, significa o que Mikhail Bakhtin define como "recontar uma história em suas próprias palavras".

Embora o conceito de voz seja fundamental no desenvolvimento de uma alfabetização emancipadora, a meta nunca deve restringir os alunos ao próprio idioma local. Essa restrição linguística conduz inevitavelmente a um gueto linguístico. Os educadores precisam compreender plenamente o significado mais amplo de *empowerment* do aluno. Isto é, *empowerment* não deve jamais limitar-se ao que Aronowitz descreve como "o processo de apreciar-se e amar-se a si mesmo".[63] Além desse processo, *empowerment* deve ser também um meio de possibilitar que os alunos "examinem e, seletivamente, apropriem-se daqueles aspectos da cultura dominante que lhes oferecerão a base para definir e transformar a ordem social mais ampla, em vez de simplesmente servir a ela".[64] Isso significa que os educadores devem entender o valor de dominar a língua padrão dominante da sociedade mais ampla. Através da plena apropriação da língua padrão dominante é que os alunos se veem linguisticamente *empowered* para engajar-se no diálogo com os diversos setores da sociedade mais ampla. O que gostaríamos de reiterar é que os educadores jamais devem permitir que a voz dos alunos seja silenciada por uma legitimação deformada da língua padrão. A voz dos alunos jamais deve ser sacrificada, uma vez que ela é o único meio pelo qual eles dão sentido à própria experiência no mundo.

---

[63] Op. cit.
[64] Op. cit.

A discussão sobre se as línguas africanas são menos adequadas como línguas de ensino, se são línguas limitadas ou elaboradas, põe em foco a questão de se o português é, de fato, uma língua superior. Mais importante é que essas categorias linguísticas apoiam-se na questão técnica de se as línguas africanas são sistemas válidos e que têm regras. Apesar da análise sincrônica e diacrônica de muitas dessas línguas, resta ainda o fato de que elas continuam numa posição estigmatizada e subalterna. Afirmamos que as línguas dos alunos devem ser compreendidas dentro do quadro de referência teórico que lhes dá origem. Em outras palavras, o significado e o valor básicos dessas línguas não serão encontrados pela determinação de quão sistemáticas e governadas por regras sejam elas. Isso já sabemos. Seu verdadeiro significado deve ser compreendido pelos pressupostos que as orientam, e elas devem ser compreendidas mediante as relações sociais, políticas e ideológicas que sugerem. De um modo geral, a questão de se são sistemáticas e eficazes esconde muitas vezes o verdadeiro papel da língua na manutenção dos valores e dos interesses da classe dominante. Em outras palavras, a questão de se são sistemáticas e eficazes torna-se uma máscara que dissimula questões a respeito da ordem social, política e ideológica dentro da qual existem as línguas subalternas.

Se se quiser desenvolver um programa de alfabetização emancipadora nas ex-colônias portuguesas da África, ou em qualquer outra parte, programa em que os leitores se tornem "sujeitos" e não "objetos", os educadores devem compreender a qualidade produtiva da língua. Neste sentido,

Entendo que a língua é *produtiva* e não *refletiva* da realidade social. Isso significa questionar o pressuposto de que nós, como sujeitos falantes, usamos a língua apenas para organizar e expressar ideias e experiências. Ao contrário, a língua é uma das práticas sociais mais importantes, mediante a qual somos levados a nos sentir como sujeitos. O que estou colocando é que, uma vez que ultrapassemos a ideia de língua como não mais do que um meio de comunicação, mas como um instrumento disponível, de maneira equitativa e neutra, a todas as partes envolvidas em intercâmbios culturais, podemos, então, começar a examinar a língua tanto como uma prática de significação como também como um *sitio* para a luta cultural e como um *mecanismo* que produz relações antagônicas entre grupos sociais diferentes.[65]

À relação antagônica entre falantes africanos e portugueses é que agora nós queremos voltar. A natureza antagônica das línguas africanas nunca foi plenamente explorada. Para discutir com mais clareza essa questão do antagonismo, utilizaremos a distinção nossa entre língua *oprimida* e língua *reprimida*. Usando nossas categorias, o modo "negativo" de propor a questão da língua é encará-la em termos de *opressão* — ou seja, ver a língua dos alunos como "carente" das características da língua dominante, a qual habitualmente é utilizada como ponto de referência para discussão e/ou avaliação. Decididamente, as questões mais comuns relativas à língua dos alunos são propostas a partir da perspectiva da opressão. A visão alternativa da língua dos alunos é a de que ela é reprimida na língua padrão

---

[65] J. Donald, op. cit.

dominante. Segundo esta visão, a língua subalterna, como língua reprimida, poderia, se fosse falada, desafiar o domínio linguístico privilegiado da língua padrão. Os educadores têm deixado de reconhecer a promessa "positiva" e a natureza antagônica das línguas subalternas. Exatamente nessas dimensões é que os educadores devem desmistificar o padrão dominante e os velhos pressupostos a respeito de sua superioridade implícita. Os educadores devem desenvolver um programa de alfabetização emancipadora enformado por uma pedagogia radical, de modo que a língua dos alunos deixe de proporcionar a seus falantes a experiência de subordinação e, ainda mais, possa ser brandida como uma arma de resistência à dominação da língua padrão.

Como afirmamos anteriormente, as questões linguísticas levantadas neste capítulo e em todo este livro não se limitam aos países em desenvolvimento da África e da América Latina. As relações assimétricas de poder com referência ao uso da língua predominam também nas sociedades altamente industrializadas. Por exemplo, o Movimento pelo Inglês Norte-americano, nos Estados Unidos, encabeçado pelo ex-senador da Califórnia, S. I. Hayakawa, chama a atenção para uma cultura xenofóbica que rejeita cegamente a natureza pluralista da sociedade dos Estados Unidos e falsifica as provas empíricas que fundamentam a educação bilíngue, como tem sido amplamente documentado.[66] Esses educadores, entre os quais o atual Ministro da Educação, William J. Bennett, não conseguem compreender que

---

[66] J. Cummings, "Functional Language Proficiency in Context", in William Tikunoff (org.), *Significant Instructional Features in Bilingual Education*. São Francisco, Califórnia: Far West Laboratory, 1984.

é mediante os múltiplos discursos que os alunos geram o significado de seus contextos sociais do dia a dia. Sem compreender o significado de sua realidade social imediata, é mais difícil compreender as relações que eles mantêm com a sociedade mais ampla.

De modo geral, os defensores do inglês dos Estados Unidos baseiam sua crítica à educação bilíngue em resultados de avaliação quantitativa que são "produto de um determinado modelo de estrutura social que ajusta os conceitos teóricos à pragmática da sociedade que, primeiramente, delineou o modelo de avaliação".[67] Ou seja, se os resultados são apresentados como fatos determinados por um dado quadro de referência ideológico, esses fatos não podem, por si sós, fazer-nos ir além desse quadro de referência.[68] Prevenimos os educadores de que esses modelos de avaliação podem oferecer respostas que são corretas e, não obstante, despidas de verdade. Um estudo que conclua que os alunos provenientes de minorias linguísticas nos Estados Unidos têm desempenho em língua inglesa inferior a outros alunos do grupo dominante está correto; porém essa resposta nos diz muito pouco a respeito das condições materiais com que esses alunos de minorias linguísticas e raciais atuam na luta contra o racismo, a discriminação educacional e a rejeição sistemática de suas histórias.

O comentário de Bennett de que apenas o inglês "pode garantir que as escolas municipais serão bem-sucedidas no ensino do inglês a alunos de fala não inglesa, de modo que eles

---

[67] Roger Fowler et alii., *Language and Control*. Londres: Routledge and Kegan Paul, 1979, p. 192.
[68] Greg Myers, "Reality, Consensus, and Reform in the Rhetoric of Composition Teaching". *College English*, 48, n. 2, fevereiro de 1986.

[desfrutem] do acesso às oportunidades da sociedade norte-americana", sugere uma pedagogia de exclusão que encara o ensino do inglês como a própria educação. A esta altura, gostaríamos de fazer duas perguntas fundamentais: 1. se o inglês é a língua de ensino mais eficiente, como explicar que mais de 60 milhões de norte-americanos sejam analfabetos, ou funcionalmente analfabetos?[69] 2. se *unicamente* o ensino em inglês pode garantir um futuro melhor às minorias linguísticas, como assegura Bennett, por que a maioria dos norte-americanos negros, cujos ancestrais vêm falando inglês há mais de duzentos anos, encontram-se ainda relegados aos guetos?

Cremos que a resposta não está nas questões técnicas de se o inglês é uma língua mais aperfeiçoada e viável para o ensino. Essa posição sugeriria um pressuposto de que o inglês é, de fato, uma língua superior. Queremos sugerir que a resposta se encontra numa compreensão plena dos elementos ideológicos que dão origem e sustentação à discriminação linguística, racial e sexual.

Alguns desses elementos ideológicos são expostos sucintamente no estudo de Lukas, de 1985, sobre dessegregação escolar nas escolas públicas de Boston (*Common Ground*). Por exemplo, ele cita uma viagem à escola secundária de Charlestown, onde um grupo de pais negros sentiu em primeira mão a dura realidade que seus filhos estavam destinados a suportar. Embora o diretor da escola lhes garantisse que "não seriam toleradas violência, intimidação ou ofensas raciais", eles não puderam deixar de ver, nas paredes, os epítetos raciais: "Boas-vindas, negrada", "negros veados",

---

[69] Jonathan Kozol, *Illiterate America*. Nova York: Anchor Press/Doubleday, 1985, p. 4.

"Poder Branco", "KKK", "Ônibus para os Zulu" e "Seja analfabeto; lute contra o transporte obrigatório". Quando esses pais estavam entrando no ônibus, sofreram chacotas e vaias: "Dá o fora, negrada. Vão duma vez até a África!" Essa intolerância racial fez com que um dos pais pensasse: "Deus meu, para que espécie de inferno estou mandando meus filhos?" O que seus filhos poderiam aprender numa escola como essa a não ser ódio?[70] Muito embora a integração compulsória de escolas em Boston exacerbasse as tensões raciais nas escolas públicas daquela cidade, não se deve menosprezar o arraigado racismo que permeia todos os níveis da estrutura escolar. Segundo Lukas:

> Mesmo depois de Elvira "Prixie" Paladino ter sido eleita para a Comissão de Ensino de Boston, ouviu-se quando resmungava a respeito de "animaizinhos selvagens" ou "crioulinhos". E John "Bigga" Kerrigan [também eleito para a Comissão de Ensino] orgulhava-se pelo ataque imoderado que fazia ("vá lá que eu seja ofensivo, mas pelo menos sou coerente nas ofensas") especialmente dirigido aos negros ("selvagens") e aos meios de comunicação liberais ("vermes filhos da mãe") e a Lem Tucker, correspondente negro da ABC News, que Kerrigan descrevia como "descendente direto dos que se balançavam nos galhos das árvores", observação que ele ilustrava erguendo os braços e coçando os sovacos.[71]

Nessa paisagem de racismo violento perpetrado contra minorias raciais e, também, contra minorias linguísticas,

---
[70] J. Anthony Lukas, *Commom Ground*. Nova York: Alfred A. Knopf, 1985, p. 282.
[71] Id., ibid., p. 138.

pode-se compreender as razões de alta taxa de "evasão" das escolas públicas de Boston (cerca de 50%). Talvez o racismo e outros elementos ideológicos façam parte de uma realidade escolar que obriga uma alta porcentagem de alunos a abandonar a escola para, depois, serem descritos pelo próprio sistema como desistentes, ou "alunos pobres e sem motivação".

Alfabetização emancipadora

Para manter certa coerência com o plano revolucionário de reconstruir sociedades novas e democráticas, os educadores e os líderes políticos precisam criar uma nova escola alicerçada em nova práxis educativa, que expresse conceitos diferentes de educação em consonância com o plano para a sociedade como um todo. Para que isso se dê, o primeiro passo é identificar os objetivos da educação dominante herdada. A seguir, é necessário analisar como funcionam os métodos utilizados pelas escolas dominantes, como legitimam os valores e significados dominantes e como, ao mesmo tempo, rejeitam a história, a cultura e as práticas linguísticas da maioria de alunos subalternos. A escola nova, afirma-se, deve também ser enformada por uma pedagogia radical, a qual tornaria concretos valores tais como solidariedade, responsabilidade social, criatividade, disciplina a serviço do bem comum, vigilância e espírito crítico. Característica importante de um novo plano educacional é o desenvolvimento de programas de alfabetização radicados numa ideologia emancipadora, em que os leitores se tornem "sujeitos" e não simples "objetos". O novo programa de alfabetização precisa afastar-se das abordagens tradicionais que realçam a aquisição de habilidades mecânicas, enquanto separam a leitura de seus contextos ideológicos e históricos. Na tentativa de atingir essa meta, ele deve, deliberadamente, rejeitar os princípios conservadores que impregnam as abordagens da alfabetização que discutimos anteriormente. Infelizmente, muitos dos novos programas de alfabetização muitas vezes reproduzem, sem o saber, um traço comum àquelas abordagens, ao ignorar a relação importante que existe entre a língua e o capital cultural das pessoas para as quais se destina o programa de alfabetização. Resulta daí uma campanha de alfabetização cujos pressupostos básicos não condizem com o espírito revolucionário que a lançou.

Os novos programas de alfabetização devem fundamentar-se amplamente na ideia de alfabetização emancipadora, segundo a qual a alfabetização é encarada "como um dos veículos mais importantes pelos quais o povo 'oprimido' é capaz de participar da transformação sócio-histórica de sua sociedade".[72] Dessa perspectiva, os programas de alfabetização não devem estar ligados apenas à aprendizagem mecânica de habilidade de leitura, mas, adicionalmente, a uma compreensão crítica das metas mais gerais da reconstrução nacional. Desse modo, o desenvolvimento, pelo leitor, de uma compreensão crítica do texto e do contexto sócio-histórico a que ele se refere torna-se fator importante para nossa ideia de alfabetização. Neste caso, o ato de aprender a ler e escrever é um ato criativo que implica uma compreensão crítica da realidade. O conhecimento de um conhecimento

---

[72] S. Walmsley, op. cit., p. 84.

anterior, obtido pelos educandos como resultado da análise da práxis em seu contexto social, abre para eles a possibilidade de um novo conhecimento. O novo conhecimento revela a razão de ser que se encontra por detrás dos fatos, desmitologizando, assim, as falsas interpretações desses mesmos fatos. Desse modo, deixa de existir qualquer separação entre pensamento-linguagem e realidade objetiva. A leitura de um texto exige agora uma leitura dentro do contexto social a que ele se refere.

Neste sentido, a alfabetização se alicerça numa reflexão crítica sobre o capital cultural dos oprimidos. Ela se torna um veículo pelo qual os oprimidos são equipados com os instrumentos necessários para reapropriar-se de sua história, de sua cultura e de suas práticas linguísticas. É, pois, um modo de tornar os oprimidos capazes de reivindicar "aquelas experiências históricas e existenciais que são desvalorizadas na vida quotidiana pela cultura dominante, a fim de que sejam, não só validadas, mas também compreendidas criticamente".[73]

As teorias subjacentes à alfabetização emancipadora têm sido, em princípio, abraçadas entusiasticamente por muitos educadores, em muitas partes do mundo, particularmente na América Latina e nas ex-colônias portuguesas da África. Contudo, é preciso que se diga que, na prática, a classe média assimilada, especialmente os professores formados nas escolas coloniais, não têm sido plenamente capazes de desempenhar um papel pedagógico radical. Esses educadores deixam, por vezes, de examinar e compreender as maneiras pelas quais a classe dirigente usa a língua dominante

---

[73] H.A. Giroux, *Theory and Resistance in Education*, p. 226.

para manter a divisão de classe, conservando, com isso, as pessoas subalternas em seu devido lugar. Por exemplo, lembramo-nos de um amigo no Cabo Verde que, havendo intelectualmente abraçado a causa da revolução, é incapaz de perceber que ainda continua emocionalmente "cativo" da ideologia colonial. Porém, quando lhe perguntamos que língua usava mais frequentemente no trabalho, respondeu rapidamente: "O português, é claro. É o único modo de manter meus subordinados em seu lugar. Se eu falar cabo-verdiano, eles não me respeitam."

Essa visão da língua no Cabo Verde é ilustrativa de até que ponto os cabo-verdianos se mantêm "cativos" da ideologia dominante, que desvaloriza sua própria língua. Não é de admirar que muitos educadores e líderes progressistas não reconheçam nem compreendam a importância de sua língua nativa no desenvolvimento de uma alfabetização emancipadora. Como mencionamos acima, os programas de alfabetização nas ex-colônias de Portugal são realizados em português, a língua do colonizador. A mesma coisa se dá em nações industrializadas, como os Estados Unidos, onde a língua de ensino é sempre padrão, em prejuízo das línguas minoritárias e de menor prestígio. O uso permanente da língua padrão dominante como veículo da alfabetização nada mais faz do que assegurar que os futuros dirigentes serão os filhos e filhas da classe dirigente.

Essencialmente, os educadores progressistas às vezes não só deixam de reconhecer o que há de positivo na língua dos alunos, como também, sistematicamente, solapam os princípios de uma alfabetização emancipadora levando a cabo programas da alfabetização na língua padrão da classe dominante.

O resultado é que o aprendizado de habilidades de leitura na língua padrão dominante não fará com que os alunos subalternos sejam capazes de adquirir as ferramentas críticas "que os despertem e libertem de sua visão mistificada e distorcida de si mesmos e do próprio mundo".[74] Os educadores precisam compreender o papel totalmente abrangente que a língua dominante tem desempenhado nesse processo de mistificação e de distorção. Precisam reconhecer, também, a natureza antagônica da língua subalterna e o desafio potencial que ela representa à mistificação da superioridade da língua dominante. Finalmente, precisam desenvolver um programa de alfabetização baseado na teoria da produção cultural. Em outras palavras, os alunos subalternos devem tornar-se *atores* do processo de reconstrução de uma nova sociedade.

A alfabetização só pode ser emancipadora e crítica na medida em que seja realizada na língua do povo. É por meio da língua nativa que os alunos "nomeiam o próprio mundo" e começam a estabelecer uma relação dialética com a classe dominante no processo de transformação das estruturas sociais e políticas que os confinam em sua "cultura do silêncio". Assim, uma pessoa é alfabetizada na medida em que seja capaz de usar a língua para a reconstrução social e política.[75] O uso da língua dominante, apenas, nos programas de alfabetização reduz as possibilidades de os alunos subalternos entrarem em contatos dialéticos com a classe dominante. A alfabetização realizada na língua padrão dominante *empowers* a classe dirigente pela manutenção do *status quo*. Sustenta a manutenção do modelo elitista

---

[74] Id., ibid., p. 226
[75] S. Walmsley, op. cit., p. 84.

de educação. Esse modelo elitista de educação cria intelectualistas e tecnocratas em vez de intelectuais e técnicos. Em suma, a alfabetização realizada na língua dominante é alienadora para os alunos subalternos, uma vez que nega a eles as ferramentas básicas para a reflexão, o pensamento crítico e a interação social. Sem cultivar sua língua nativa, e privados da oportunidade de reflexão e pensamento crítico, os alunos subalternos veem-se incapazes de recriar a própria cultura e a própria história. Sem a reapropriação de seu capital cultural, a reconstrução da nova sociedade imaginada pelos educadores e líderes progressistas dificilmente se tornará realidade.

Donaldo Macedo

5

REPENSANDO A PEDAGOGIA CRÍTICA: UM DIÁLOGO COM PAULO FREIRE

MACEDO: QUAIS OS FATORES que o levaram a essa constante preocupação com a alfabetização de adultos, especialmente a alfabetização dos oprimidos?

FREIRE: Desde muito cedo, sempre estive extremamente ligado à prática educativa. Quando jovem, assumi o cargo de professor de português no então chamado curso ginasial. Ensinar e estudar a sintaxe portuguesa me fascinava. Naturalmente, nessa época, lecionava para jovens cujas famílias eram abastadas.

Meu interesse era o estudo da língua portuguesa, especialmente da sintaxe, e ao mesmo tempo fiz certas leituras por conta própria nas áreas de linguística, filologia e filosofia da linguagem, que me levaram às teorias gerais da comunicação. Interessava-me especialmente pelos temas do significado, dos signos linguísticos e da necessidade real da inteligibilidade dos signos linguísticos entre sujeitos conversando entre si para que ocorresse uma autêntica comunicação. Esses temas foram minha principal preocupação intelectual entre os 19 e 22 anos. Outra influência importante foi minha mulher, Elza. Ela influenciou-me enormemente.

Assim, meus estudos linguísticos e meu encontro com Elza conduziram-me à pedagogia. Comecei a desenvolver certas ideias pedagógicas, juntamente com reflexões históricas, culturais e filosóficas. Enquanto desenvolvia essas ideias, porém, tinha de enfrentar as realidades sociais muito dramáticas e desafiadoras de minha terra natal, o Nordeste. Tivera uma infância difícil devido à situação econômica de minha família. Agora, jovem, trabalhando com operários, camponeses e pescadores, tomava consciência, mais uma vez, das diferenças entre as classes sociais.

No tempo de criança, havia-me ligado a crianças da classe trabalhadora e a camponeses. Agora, adulto, ligava-me, novamente, a adultos trabalhadores, camponeses e pescadores. Este novo confrontamento foi muito menos ingênuo e, mais do que qualquer livro, levou-me a compreender minha necessidade pessoal de aprofundar-me mais na pesquisa pedagógica. Motivou-me, também, a aprender com a prática da educação de adultos em que estava envolvido.

Considerava que a alfabetização era o tema mais importante, uma vez que o nível de analfabetismo no Brasil continuava sendo extremamente alto. Além disso, me parecia profunda injustiça haver homens e mulheres que não sabiam ler ou escrever. A injustiça que por si só o analfabetismo representa tem implicações mais graves, tal como a de os analfabetos se verem anulados por sua incapacidade de tomar decisões sozinhos, votar e participar do processo político. Isso me parecia absurdo. Ser analfabeto não elimina o bom senso para escolher o que é melhor para si, nem para escolher os governantes melhores (ou menos ruins).

Lembro-me claramente de que essas injustiças costumavam atormentar-me e tomavam grande parte de meu tempo dedicado à reflexão e ao estudo. Depois de ter grande experiência no campo da alfabetização de adultos, mediante debates e discussões em torno das opiniões das pessoas sobre a própria realidade (e não a minha opinião), certo dia comecei a desenvolver uma série de técnicas que envolviam as reuniões que costumava fazer com pais e professores a respeito da escola e das crianças, as chamadas reuniões de pais e mestres. Durante muito tempo, me dediquei a aperfeiçoar as técnicas que desenvolvia nesses encontros; procurava encarar essas reuniões como fóruns de pensamento crítico a respeito do real e do concreto. Continuei esse trabalho por muito tempo sem escrever nada a respeito (refletindo, assim, a característica oral de minha cultura). Depois, comecei a questionar. Por que não fazer alguma coisa que seguisse os mesmos princípios, a mesma visão crítica e a mesma pedagogia que vinha utilizando para discutir questões como disciplina? O que é disciplina? Qual a relação entre liberdade e autoridade? Qual a relação entre a autoridade do pai e a liberdade da criança? Por que as crianças haveriam de começar a ler decorando, soletrando o ABC? De fato, usando a frase como ponto de partida, começariam com a totalidade da palavra, globalmente, e não com a parte mínima que é o grafema. Perguntei-me: por que não escrever sobre os mesmos temas que vinha pondo em prática quando falava com meus alunos adultos? O que é subdesenvolvimento? O que é nacionalismo? O que é democracia? Por que não fazer a mesma coisa ao ensinar as pessoas a ler palavras?

Depois de formular essas questões, dediquei muito tempo estudando-as até encontrar um modo de ensinar. Foi importante você me fazer essa pergunta porque não creio que o leitor norte-americano tenha tido qualquer informação relativa ao desenvolvimento de meu pensamento pedagógico.

MACEDO: Ao falar de seu reencontro com os camponeses, você enfatiza a ideia de que temos muito que aprender com os camponeses. Você pode expor mais detalhadamente sobre esse processo de aprendizagem?

FREIRE: Claro que temos muito que aprender com os camponeses. Quando me refiro aos camponeses, o que quero realçar é nossa necessidade de aprender com os outros, a necessidade que temos de aprender com os educandos em geral. Costumo insistir em que devemos aprender com os camponeses porque os vejo como educandos num determinado momento de minha prática educativa. Temos muito a aprender com os alunos a quem ensinamos. Para que isso se dê, é preciso transcender o tradicionalismo monótono, arrogante e elitista, segundo o qual o professor tudo sabe e o aluno não sabe nada. Evidentemente, é preciso também assinalar que, embora reconheçamos que temos muito que aprender com nossos alunos (sejam eles camponeses, trabalhadores urbanos, ou estudantes de pós-graduação), isso não quer dizer que professores e alunos sejam a mesma coisa. Não creio que sejam. Isto é, há uma diferença entre educador e estudante. Essa é uma diferença universal. Comumente, é também uma diferença de gerações.

Mais uma vez, esta é uma questão política. Para mim, é também ideológica. A diferença entre o educador e o aluno é um fenômeno que envolve certa tensão permanente que, afinal de contas, é a mesma tensão que existe entre teoria e prática, entre autoridade e liberdade e, talvez, entre ontem e hoje.

Quando os educadores têm consciência dessa tensão e dessa diferença, devem manter-se constantemente alerta para não permitir que essas diferenças se tornem antagônicas. O que devemos fazer é viver o dia a dia com os educandos e enfrentar essa tensão que existe entre nós — a mesma que há entre autoridade e liberdade. Reconhecer esta contradição como conciliável e não como antagônica é o que nos qualifica como educadores democráticos, e não elitistas e autoritários.

Quanto mais vivemos criticamente (isto é o que eu chamaria de pedagogia radical no sentido de Giroux), mais internalizamos uma prática educativa radical e crítica e mais descobrimos ser impossível separar o ensinar do aprender. A prática mesma de ensinar implica aprendizagem por parte daqueles a quem se ensina, bem como aprendizagem, ou reaprendizagem, por parte dos que ensinam.

Assim, posso sentir os outros numa verdadeira situação de aprendizagem, em que o objeto de conhecimento é realmente um objeto cognoscível, em vez de uma coisa possuída. Nessa situação, o objeto cognoscível medeia os sujeitos cognoscentes, os educadores e os educandos. É impossível sentir e apreciar alguém nessa relação concreta, se o educador e o educando nada sabem um sobre o outro, e se não se ensinam um ao outro.

Acompanhando essas linhas de pensamento é que costumo afirmar, e de maneira categórica, que devemos aprender com os camponeses. Se há professores que acreditam jamais precisar aprender com seus estudantes de universidade, imagine o que dirão a respeito de aprender com um camponês. A tal ponto seu elitismo os distancia dos camponeses e dos operários, que frequentemente consideram minhas opiniões sobre esse assunto demagógicas. Mas não são. Em suma, creio que numa compreensão rigorosa do processo de conhecimento, vendo-o como um processo social (e não meramente um momento individual separado do processo total), é impossível separar o ensino da aprendizagem.

MACEDO: Você é visto, muitas vezes, como um pensador que atua exteriormente ao *status quo*. Você crê que afastar-se do sistema torna seu pensamento mais criativo e crítico?

FREIRE: Tenho procurado pensar e ensinar mantendo um pé dentro do sistema e outro fora. É claro que não posso estar inteiramente fora do sistema, uma vez que o sistema continua a existir. Só estaria totalmente fora dele se o próprio sistema tivesse se transformado. Mas ele não se transformou porque, na verdade, continua se transformando. Assim, para atuar, não posso viver à margem do sistema. Tenho que estar dentro dele. Naturalmente, isso gera certa ambiguidade, não só para mim, mas para pessoas como você, Giroux, Carnoy e Berthoff. Essa é uma ambiguidade da qual ninguém escapa, ambiguidade que faz parte de nossa existência como seres políticos.

Qual a natureza dessa ambiguidade? Em termos de tática, todos temos um pé dentro do sistema e, estrategicamente, temos o outro pé fora do sistema. Ou seja, do ponto de vista de meu sonho e objetivo, estou estrategicamente fora do sistema, tentando puxar meu outro pé para fora! E com esse outro pé, naturalmente, estou dentro do sistema.

Essa ambiguidade muitas vezes representa um risco. Por isso é que muitas pessoas mantêm ambos os pés perfeitamente dentro do sistema. Conheço gente que, por vezes, procura pôr devagarinho seu pé direito para fora, mas imediatamente se deixa amedrontar. Vê outros que pisaram fora e foram punidos. Foi o caso de Giroux, a quem foi negada a estabilidade como professor por ter pisado decididamente fora do sistema com seu pé direito. Não duvido de que muita gente que estava tentando (e até mesmo declarava) estar fora do sistema, tenha voltado atrás rapidamente e fincado ambos os pés dentro do sistema, depois de saber da desagradável experiência de Giroux. Essas pessoas resolveram sua ambiguidade. Assumiram uma postura tradicional. Gosto muito de Giroux e o admiro por continuar mantendo seu pé direito do lado de fora!

MACEDO: Você falou sobre a relação entre a subjetividade e a política da educação. Poderia estender-se um pouco mais sobre esse tema?

FREIRE: As questões relativas à subjetividade são semelhantes às relativas à teoria, à prática e à existência em geral. São questões referentes à reflexão filosófica em qualquer tempo. De certo modo, essas questões funcionam em termos de como se encara a ação da consciência sobre a objetividade. Há a possibilidade de cair-se num idealismo que pode ser pré-hegeliano, de acordo com o qual a consciência tem o poder de criar a objetividade. Pode-se cair, também, numa posição oposta, em que a subjetividade não passaria de pura abstração, uma cópia da objetividade. Ou seja, Marx deu um grande salto quanto a essas preocupações idealistas. Creio, porém, que muita gente, sob a bandeira do marxismo, concorda com explicações puramente mecanicistas, contando com um fatalismo que às vezes chamo, jocosamente, de fatalismo libertador. Trata-se de uma libertação que se deixa por conta da história, que virá por si mesma. Assim, não é necessário fazer esforço algum para fazer com que a libertação aconteça. De um modo ou outro, ela virá. É claro que não creio nesse fatalismo. Não me permito cair em tipo algum de determinismo: nem naquele que reduz a história ao poder da consciência, nem no outro que chamo de fatalismo libertador.

Posso estar completamente errado, mas mesmo de uma perspectiva crítica marxista, o problema de compreender o papel da subjetividade na história constitui um problema concreto, com que nos defrontaremos neste fim de século. Não me parece possível discutir a liberdade, a transformação do mundo, a revolução, a democracia, sem uma compreensão crítica do papel da subjetividade, que não a veja, de um lado, como pura cópia da objetividade, de outro, como uma entidade todo-poderosa. Ao lado deste problema, o do papel da subjetividade na feitura da história, como um dos problemas teórico-práticos do fim deste século, juntaria um outro, de implicações também político-pedagógicas — o do Poder. O da reinvenção do Poder, diria melhor. Sem cair numa visão idealista ou numa explicação mecânica da história, creio que a educação tem muito a ver com a reinvenção do poder. Pensadores, educadores e acadêmicos deste país, como Giroux, por exemplo, têm uma função da maior importância a desempenhar. Mencionando Giroux, estou simbolicamente incluindo, também, grande número de outros educadores da geração dele, bem como de economistas, como Martin Carnoy. Atualmente, Carnoy caminha cada vez mais na direção de posições sobre as quais falei ao responder a sua pergunta. Esses mesmos temas se encontram também nos livros de Agnes Heller, uma ex-discípula de Lukács. Com respeito a esses temas, não creio ter grande contribuição a dar, e digo isso não com falsa modéstia, mas com tristeza. Não obstante, continuarei procurando colaborar para uma compreensão maior desses temas.

Macedo: Quais são algumas das consequências políticas de seu pensamento e de sua prática educativa?

Freire: Quando iniciei, ainda jovem, minha prática educativa, não estava muito seguro das consequências políticas potenciais. Pensava muito pouco sobre as implicações políticas e menos ainda a respeito da natureza política de meu pensamento e de minha prática. Contudo, a natureza política dessas reflexões era e é uma realidade. A feição política da educação independe da subjetividade do educador; isto é, independe de que o educador tenha ou não consciência dessa feição política, que nunca é neutra. Quando, finalmente, o educador compreende isso, nunca mais pode fugir às ramificações políticas. O educador tem que se questionar a respeito de opções que são intrinsecamente políticas — ainda que muitas vezes se disfarcem de pedagógicas para se tornarem aceitáveis dentro da estrutura vigente. Assim, fazer opções é muito importante. Os educadores devem indagar-se para quem e em benefício de quem estão trabalhando. Quanto mais conscientes e comprometidos estejam, melhor compreenderão que seu papel como educadores exige que corram riscos, entre os quais até mesmo o de perder seus empregos. Os educadores que fazem seu trabalho de maneira não crítica, apenas para defender seus empregos, não captaram ainda a natureza política da educação.

Lembro-me de minha primeira noite após trabalhar na alfabetização de adultos no Recife. Quando cheguei a casa, Elza me perguntou: "Como é que foi?" E eu lhe disse: "Elza, creio que com o que vi e experimentei hoje, dentro de dois ou três anos muita gente estará me perguntando: 'O que é isso, Paulo?' Mas é bem possível que eu seja preso. E creio que ser preso é o mais provável." De fato, não três, mas quatro anos depois, fui preso.

Durante aquele período, ainda não tinha totalmente clara para mim a natureza política da educação, e penso que meu primeiro livro, *Educação como prática da liberdade*, revela essa falta de nitidez política. Por exemplo, sequer fui capaz de tocar em política nesse primeiro livro. Contudo, continuo a estudar esse livro, uma vez que ele representa um determinado momento de minha obra. (Naturalmente, não sou simplesmente o último livro que escrevi. Todos os meus livros representam pontos de desenvolvimento de meu pensamento.) Mas esse livro contém pressupostos ingênuos que sinto haver superado em meus segundo e terceiro livros. Todo o meu pensamento e busca fizeram e fazem, realmente, parte de um quadro de referência político, sem o qual todo meu empenho não teria sentido.

MACEDO: Você mencionou ter sido preso. Quais foram suas experiências na prisão?

FREIRE: Estive preso por pouco tempo, após o golpe de 1964 no Brasil. Na verdade, houve outras pessoas que estiveram presas por muito mais tempo. Fui preso duas vezes, antes de ser exilado, num total de setenta e cinco dias.

Foi uma experiência interessante para mim, mesmo não sendo eu um masoquista. Não gostaria de tornar a suportar essa situação e por certo não me divertiria com isso. Mas procurei aproveitar o tempo na cadeia para repensar as coisas. Aqueles dias foram uma experiência de aprendizagem. É claro que fui preso exatamente por causa da natureza política da educação. Você poderia dizer: "Paulo, havia outras pessoas envolvidas com a alfabetização de adultos, que não foram presas." Minha resposta poderia ser que eles não eram políticos em sua atividade. Poderia dizer, também, que eram políticos. A única diferença é que sua política favorecia os interesses da classe dominante. Esta é a verdadeira diferença. Não há educadores neutros. O que nós, educadores, precisamos saber é o tipo de política a que aderimos e em favor do interesse de quem estamos trabalhando. Felizmente, minhas ideias políticas não beneficiavam e continuam não beneficiando os interesses da classe dominante.

MACEDO: Depois de setenta e cinco dias você foi exilado?

FREIRE: Depois daqueles setenta e cinco dias de cadeia, fui levado para o Rio de Janeiro para mais interrogatórios. Lá, fiquei sabendo pelos jornais que iria ser preso novamente. Meus amigos e minha família convenceram-me de que seria insensato de minha parte permanecer no Brasil. Então, exilei-me no Chile e, depois, vim para os Estados Unidos. Daqui, fui para a Europa. Ao todo, estive cerca de dezesseis anos no exílio.

MACEDO: Suas experiências no exílio tiveram alguma influência no desenvolvimento posterior de seu pensamento crítico e pedagógico?

Freire: Ninguém passa incólume por um exílio. Primeiro, ninguém se exila por escolha própria. Depois, ninguém passa por um período de exílio sem ficar fortemente marcado por ele. O exílio nos atinge existencialmente. Envolve-nos como ser. Abala-nos física e emocionalmente. O exílio exalta nossas virtudes e nossos defeitos. Foi isso que o exílio fez comigo.

Foi durante o exílio que compreendi com clareza o quanto sempre estive verdadeiramente interessado em aprender. O que aprendi no exílio é o que recomendaria a todos os leitores deste livro: esteja todo dia aberto para o mundo, esteja pronto para pensar; esteja todo dia pronto a não aceitar o que se diz, simplesmente por ser dito; esteja predisposto a reler o que foi lido; dia após dia, investigue, questione e duvide. Creio que o mais necessário é duvidar. Creio ser sempre necessário não ter certeza, isto é, não estar excessivamente certo de "certezas". Meu exílio foi um longo período de contínua aprendizagem.

Como desde jovem sempre estive interessado em aprender, assim que me encontrava durante algum tempo de exílio em determinados espaços (La Paz, Chile, Cambridge, Genebra), começava a pensar e a questionar-me, lidando assim com aqueles espaços e com o tempo de exílio como grandes mestres.

Uma das primeiras lições que o exílio me ensinou foi que eu não podia e não devia fazer julgamentos de valor sobre outras culturas. Nós, brasileiros, temos um estilo peculiar: o modo de andarmos na rua, o modo de virar uma esquina, expressões típicas, trejeitos faciais e assim por diante. Claro está que nosso estilo não é melhor nem pior do que qualquer outro.

No Chile, aprendi que, como brasileiro, reagia de maneira diferente a determinadas situações.

Desde jovem, estive aberto a diferentes culturas e esse senso de abertura ajudou-me a aprender muita coisa como professor e como educador, e ajudou-me a pensar e a repensar minhas opiniões, que não necessariamente podem ser transferíveis a outras culturas. Por exemplo, depois de meu primeiro mês de trabalho no Chile, algumas coisas se tornaram bastante óbvias. Os chilenos, e não eu, é que deviam planejar e implementar suas próprias formas de educação. Em segundo lugar, eu tinha que ajudá-los o quanto pudesse. Terceiro, aprendi que só poderia ajudá-los se começasse a compreendê-los melhor. E não poderia compreendê-los melhor sem compreender sua cultura e sua história.

Essa foi uma grande experiência de aprendizagem para mim, que se repetiu, com mais paz de espírito e uma visão mais crítica, na África, quando fui convidado a Guiné-Bissau, Cabo Verde, Angola e São Tomé e Príncipe. Não visitei esses lugares com uma modéstia pré-fabricada, mas com uma modéstia profundamente enraizada em sólidas convicções. Aprendera que a natureza mesma de minha tarefa obrigava aprender a respeito das culturas dos outros de modo que eu lhes pudesse ensinar um pouco do que considero válido.

Quando você me pergunta se o exílio me ajudou a reexaminar minhas reflexões, eu citaria alguns exemplos corriqueiros, não, por certo, como sinal de erudição, mas como indicação do quanto essas diferenças culturais tiveram influência direta no aprofundamento de meu desenvolvimento intelectual.

Depois de perto de três semanas no Chile, estava andando por uma rua de Santiago com um amigo chileno e, num gesto tipicamente brasileiro, pus minha mão em seu ombro, enquanto andávamos. De repente, ele começou a sentir-se incomodado. Percebi seu mal-estar e ele afinal me disse: "Paulo, aqui entre nós, não me sinto bem com um homem pondo a mão no meu ombro." Retirei a mão, é claro, e agradeci que ele tivesse dito o que sentia. Ao voltar para casa pensei: "Haverá algo de errado com uma cultura que recusa um gesto de afeição?"

Depois, anos mais tarde, visitei a Tanzânia, na África. Durante um intervalo entre aulas, um professor africano amigo meu convidou-me para passear pelo campus. Enquanto caminhávamos de repente tomou minha mão, trançando seus dedos com os meus, como se fôssemos namorados passeando pelos jardins da universidade. Senti-me terrivelmente incomodado. Como nordestino, oriundo de uma cultura profundamente machista, não poderia reagir de outra maneira. Não podia admitir que estivesse de mãos dadas com outro homem. Só tinha tido essa experiência com mulheres.

Quando, por um momento, soltou minha mão, pus rapidamente as duas mãos nos bolsos, com medo de que ele voltasse a pegá-la. Mais tarde, pensei: "Paulo, há algo de errado com tua cultura, que recusa um gesto de afeição?"

Esse tipo de coisas parece não ser muito significativo, mas gostaria de chamar a atenção dos leitores deste livro que incidentes triviais como esses são, de fato, muito importantes, porque envolvem globalmente nossas vidas e nossas culturas, os traços distintivos que diferenciam o homem dos outros animais. Esses incidentes triviais, pois, provaram ser fundamentais para mim, e quanto mais os experimentei, mais me ajudaram a manter-me em contato comigo mesmo, enquanto aprendia e refletia.

Uma coisa para terminar: você não pode imaginar como me tocaram as extraordinárias percepções de Amílcar Cabral sobre variadas culturas. Gramsci, também, influenciou-me profundamente com suas intuições penetrantes sobre outras culturas.

Macedo: Ao falar do Cabo Verde, em seu livro *Cartas à Guiné-Bissau*, você se referiu à ideia da reapropriação que alguém faz da própria cultura. Você julga possível, como tem insistido Amílcar Cabral, reafricanizar o povo do Cabo Verde e da Guiné-Bissau utilizando o português, língua do colonizador?

Freire: Ao falar sobre a reafricanização dos cabo-verdianos, Amílcar Cabral enfatizava o que ele chama também de identidade cultural. Você não pode africanizar as pessoas dentro de sua própria cultura, que é sua identidade, se sua cultura se encontra dilacerada. A língua é uma das expressões mais imediatas, autênticas e concretas da cultura. Assim sendo, a reafricanização da Guiné-Bissau e do Cabo Verde implica, para mim, a reapropriação total da cultura, o que inclui também sua língua. Digo "reapropriação" porque nunca deixou de existir uma certa apropriação pelo povo. Não há colonizador que possa realmente castrar culturalmente um povo, a não ser pelo genocídio. O processo colonial traz em si mesmo uma ação contrária incrível e dialética. Ou seja, não há intervenção colonial que não provoque uma reação por parte do povo colonizado.

Vejo esse problema como político, ideológico, e não meramente linguístico. Ele implica decisões políticas por parte do governo e do partido. Mas essas decisões políticas implicam também uma série de consequências administrativas e econômicas.

Em primeiro lugar, creio que você concorda que seria muito insensato que a gente do Cabo Verde, da Guiné-Bissau, de São Tomé e Príncipe e de outros países rompesse completamente com a língua portuguesa, apenas por ela ser a língua do colonizador. Renunciar totalmente aos aspectos positivos da cultura portuguesa (recusar-se a ler autores portugueses, por exemplo) não faz sentido algum. No processo de restabelecer o relacionamento com esses países, os ex-colonizadores deveriam ajudar a mostrar os benefícios que a língua portuguesa pode oferecer. A questão que precisa ser colocada é como ativar e formalizar o uso das línguas africanas nativas de modo que elas possam, gradativamente, substituir a língua dos colonizadores em esferas tais como a economia, a política e as finanças.

Não creio que seja possível, da noite para o dia, traduzir para o crioulo todas as obras necessárias (livros, textos, documentos). Esses países não têm base econômica para fazê-lo, sem interromper o fluxo básico de bens. Assim, esses países têm de enfrentar essa ambiguidade. Esse é um dos maiores problemas relativos à cultura, mas não pode ser atacado frontalmente com o sacrifício de outras questões básicas, essenciais para a infraestrutura.

Esses países precisam ser "crioulizados" em etapas, começando com os primeiros anos da escola primária até chegar ao curso secundário, de modo que as pessoas, por toda parte, se sintam livres para exprimir-se em sua língua nacional, sem temor e sem sentir qualquer restrição de natureza elitista. Na verdade, estarão bem consigo mesmas na medida em que falarem sua própria língua e não a língua do colonizador. Além disso, creio que o risco é grande quando países como o Cabo Verde e a Guiné-Bissau escolhem uma língua nacional. Compreendo bem todas as dificuldades políticas enfrentadas por esses países novos. Essas dificuldades são, porém, muito maiores em Angola e Moçambique, onde não existe o crioulo. Como irão os governos de Angola e Moçambique escolher uma das línguas indígenas como língua nacional? Fazê-lo significará possivelmente um rompimento entre os diversos grupos étnicos que poderão sentir-se privados de seus direitos linguísticos. Isso pode até pôr em perigo o processo mesmo da revolução. Não obstante, esse não é o caso da Guiné-Bissau e do Cabo Verde, onde existe o crioulo que permeia as diferenças étnicas.

O problema principal é que esses países adotem o português como língua oficial para o pensamento técnico, científico e político. Há crianças cabo-verdianas que têm de aprender geografia, história, biologia, matemática e ciências sociais em português. Isso deve ser tarefa para a língua nacional e não para a língua "oficial". É como exigir que meus filhos, no Brasil, aprendam a história do Brasil em inglês. Pode-se imaginar o que isso representaria como violação da estrutura do pensamento: uma disciplina estrangeira (como o inglês) imposta ao educando para estudar outra disciplina. Se uma criança cabo-verdiana tem dificuldades em aprender a língua portuguesa, pode-se imaginar como seria difícil aprender outras matérias em português.

Creio que esse tipo de política terá de tornar-se mais realista dentro dos próximos anos. Os políticos precisam ser claros com relação à língua. Precisam entender que a língua não é apenas um instrumento de comunicação, mas também uma estrutura de pensamento para o ente nacional. É uma cultura.

Creio que essa é também sua opinião, Donaldo, pelo que li do que você tem escrito. Se esses países continuarem a insistir por muito tempo no uso do português como língua oficial política e científica, essa questão virá novamente a se tornar política, porque a língua portuguesa irá determinar a formação histórica e científica, penetrando com sua ideologia dentro do próprio ser das pessoas. Além disso, continuando a usar o português, há ainda outro perigo — o elitismo. Como foram educados pelo colonizador e, portanto, são muito fluentes em português, apenas os políticos e seus filhos são bilíngues. Apenas as famílias poderosas obtêm êxito no sistema educacional. As crianças dessas famílias são as únicas a ir bem nos exames e a tirar boas notas. São as únicas que têm acesso à ciência e à tecnologia. Assim, a maioria das crianças, filhos e filhas de camponeses, estarão excluídas. E amanhã, a nova geração no poder será composta apenas dos filhos e filhas das famílias que hoje estão no poder.

Isso também estabelecerá uma grande distância social entre a maioria do povo e essas crianças vindas de famílias hoje no poder, as que estarão no governo amanhã. Em última análise, a política linguística, uma das dimensões da política da cultura, acabará por aprofundar as diferenças entre as classes sociais.

MACEDO: Que você pensa da ideia do crioulo como uma força antagônica? Isto é, de ser o crioulo uma força que ameaça a posição privilegiada e dominante da língua portuguesa.

FREIRE: Creio que você tocou numa provável razão pela qual, em nível subconsciente talvez, muita gente séria nesses países continua se recusando a usar o crioulo. Isso é só uma das razões. Na verdade, há outra justificação, ideológica, para essa recusa.

Durante muitos anos, desde a infância até a adolescência, essas mesmas pessoas, que conseguiram realizar a libertação de seus compatriotas, foram marcadas por um processo de socialização em que os colonizadores não reconheciam o crioulo como uma língua autônoma e bela. Ao contrário, os colonizadores tinham de convencer as pessoas de que a única língua eficaz era o português. Sempre enfatizaram que o que os colonizados falavam era um dialeto feio e selvagem. Obviamente, o povo colonizado não podia aculturar o colonizador, uma vez que, na maioria dos casos, ele se adaptava à cultura do colonizador. Os que estão no poder são os que fazem os outros entrar em forma. Os que não têm poder precisam primeiro consegui-lo antes que possam começar a incorporar os outros a seu sistema cultural de valores.

Depois de ouvir durante séculos que o crioulo é feio e ineficaz, as pessoas passam a acreditar nesse mito. Ouvi de muitas pessoas instruídas na África que o crioulo não é uma língua, e que tinham de manter o português por ele ser uma língua superior. Eu sempre costumava chamar sua atenção para o fato de que a avaliação que faziam do crioulo é uma forma de reproduzir a ideologia dominante, a do colonizador, e que isso contraria a luta pela libertação.

Essas são as razões subconscientes e ideológicas da resistência ao crioulo. O mais das vezes, porém, essas razões são dissimuladas. As pessoas insistem em que precisam progredir tecnológica e cientificamente porque, doutro modo, estarão comprometendo a luta pela libertação. É como se a língua crioula não tivesse todas as precondições para realizar essas tarefas, especialmente na área das ciências modernas. Nada disso é verdade e você mesmo, Donaldo, sabe que esse raciocínio é falso. Em primeiro lugar, jamais houve uma língua que surgisse completamente desenvolvida em todas as esferas das funções comunicativas. Uma língua só pode desenvolver-se quando é praticada em todas as esferas e tem a oportunidade de fazê-lo. Quando estava na África, eu costumava dizer que tudo isso supõe a força de produção da sociedade. Por exemplo, hoje em dia, as línguas europeias, ditas belas e avançadas, estão procurando meios para lidar com a terminologia tecnológica desenvolvida pelos norte-americanos. Quando não conseguem traduzir esses termos, as línguas europeias se veem obrigadas a incorporar termos ingleses, como *stress* e *input*. No Brasil se diz que alguém *está estressado*. Isso não quer dizer que o português do Brasil, o francês e outras línguas, que incorporaram esses termos ingleses, sejam inferiores. Essas línguas foram obrigadas a tomar esses termos de empréstimo.

Quando se editou pela primeira vez minha obra nos Estados Unidos, algumas pessoas insistiram em que usássemos uma expressão inglesa correspondente para nosso conceito de *conscientização*. Recusei. Por que não aceitar esse termo? Eu não tinha de aceitar *stress*, mas aceitei. Por que vocês não aceitam conscientização?

Creio que um sólido domínio da natureza da língua desfaria essas falsas noções a respeito do crioulo. O crioulo tem todas as possibilidades de desenvolver-se e encontrar seus próprios caminhos para a expressão de ideias tecnológicas e científicas. A questão principal é permitir que as pessoas criem e desenvolvam seu próprio crioulo. O crioulo só pode ser sistematizado pelas pessoas que o falam e por mais ninguém.

MACEDO: Existe uma ampla literatura em sociolinguística a respeito das relações entre línguas e sociedade, estudo sobre o papel desempenhado pela língua na promoção e manutenção das diferenças entre os sexos, estudos sobre língua e etnicidade, e assim por diante. De que modo essas variações da língua podem ser utilizadas como força antagônica para desafiar a posição privilegiada da chamada língua padrão?

FREIRE: Num determinado momento da luta pela autoafirmação, nenhum grupo ou classe social, subordinado e explorado pela classe dominante, e nem mesmo toda uma nação ou povo, poderão empreender a luta pela libertação sem utilizar a língua.

Em momento algum pode haver uma luta de libertação e de autoafirmação, sem a formação de uma identidade, uma identidade do indivíduo, do grupo, da classe social, ou do que quer que seja. E na medida em que o conflito aumenta, a experiência nos tem ensinado que os indivíduos, grupos e classes sociais acabam construindo muros por detrás dos quais, em tempos de luta ou de paz, abraçam sua identidade e a protegem.

Sem um sentimento de identidade, não se sente necessidade de lutar. Só combaterei você se estiver muito seguro de mim mesmo. Decididamente, não sou você. O processo de raciocínio é semelhante para grupos, ainda que em nível subconsciente. Nesse processo subconsciente, que a própria natureza do conflito pressupõe, nem sequer reconhecemos a significação de nossa elaboração de uma língua determinada, embora nos estejamos defendendo conscientemente na luta pela libertação. Essa é a razão por que o povo colonizado precisa preservar sua língua nativa. E quanto mais elaborada torne sua língua, melhor será para que o colonizador não a compreenda e, desse modo, poderá usar sua língua para defender-se contra o colonizador.

Como exemplo, compartilho totalmente a magnífica luta das mulheres, muito embora não possa entrar nessa luta. Embora sendo homem, posso sentir-me como mulher e não temo dizer isso. Mas a libertação das mulheres é a luta delas. Elas precisam criar sua própria língua. Têm de exaltar as características femininas de sua língua, apesar de terem sido socializadas para dissimulá-la e para encará-la como fraca e indecisa. No processo de sua luta, têm que usar sua própria língua e não a língua dos homens. Creio que essas variações de língua (língua feminina, língua étnica, dialetos) estão intimamente interligadas com a identidade, coincidem com ela e são sua expressão. Ajudam a preservar o senso de identidade e são absolutamente necessárias no processo da luta pela libertação.

MACEDO: Como você caracterizaria as inter-relações entre língua, cultura e pensamento?

FREIRE: Pode haver épocas em que essas inter-relações não existam. Há certa relação entre pensamento e linguagem como expressão do processo real de pensar e da concretude da realidade daquele que fala, daquele que pensa e fala e daquele que fala e pensa. Podia-se até inventar um novo verbo, "falar-pensar" ou "pensar-falar".

Num determinado contexto de espaço temporal, esse ente cultural cria-se, juntamente com outros entes, de maneira semelhante a como me torno correlativo àquilo que não sou eu, ao próprio mundo que não sou eu. Minha linguagem e pensamento, creio, são uma unidade dialética. Estão profundamente enraizados em um contexto. Assim, se houver uma mudança de contexto, não bastará difundir mecanicamente uma forma distinta de pensar-falar; ela deve surgir como necessidade. Creio que uma das tarefas da educação crítica e da pedagogia radical é ajudar que o processo crítico de pensar-falar se recrie na recriação de seu contexto. Em vez de supor que essa recriação tem lugar apenas num nível mecânico (isso nunca acontece), a pedagogia deve assumir o papel de ajudar a reformular esse pensamento.

Veja o Cabo Verde, por exemplo. O Cabo Verde tem mudado radicalmente nos últimos seis anos, aproximadamente, porque não há mais nenhum contexto objeto, como havia outrora muito definidamente, em relação ao contexto sujeito, Portugal. O Cabo Verde cortou o falso cordão umbilical. Portugal costumava pensar que havia um cordão umbilical, mas não houve. Pois para haver um verdadeiro cordão umbilical é preciso que haja uma conexão existencial histórica e, no caso do Cabo Verde, não havia nenhuma. A conexão foi imposta sobre os cabo-verdianos pelos portugueses. Felizmente, porém, o povo cortou o cordão.

O que acontece depois de cortá-lo? O Cabo Verde começa a engatinhar em sua experiência incipiente de ser ele mesmo. O Cabo Verde procura encontrar-se. O que era pensamento linguagem antes da independência, não pode continuar a ser o mesmo: isso estaria por demais fora de sincronia. Contudo, também não se pode mudar artificialmente o contexto em muito grande medida. Por isso é que admiro o presidente do Cabo Verde, Aristides Pereira. Num discurso que fez em Praia, ele fez uma afirmação que tem muito a ver com o de que estamos falando aqui: "Concluímos nossa libertação e expulsamos os colonizadores. Agora, precisamos descolonizar nossas mentes". É exatamente isso. Precisamos descolonizar nossas mentes porque, se não o fizermos, nosso pensamento estará em conflito com o novo contexto que evoluiu a partir da luta pela liberdade.

Esse novo contexto histórico, que está entrelaçado com a cultura, só pode ser novo na medida em que não seja mais colonizado. O Cabo Verde vê ressurgir uma mentalidade diferente e uma cultura diferente. A cultura nacional reprimida começa a ressurgir. Determinados padrões culturais de comportamento, proibidos pelos colonizadores, entre os quais a língua, as expressões do mundo, a poesia e a música, estão reaparecendo. As pessoas caminham sem ter mais que se curvar. Agora, caminham eretos, olhando para cima. Há uma pedagogia do caminhar nesse novo comportamento, de caminhar livremente. Todas essas questões constituem um novo modo de pensar e um novo modo de falar. Pode-se perceber que problema terrível seria se esse novo pensamento não pudesse coincidir com a língua existente. Um pensamento novo expresso na língua do colonizador não vai a parte alguma.

MACEDO: A respeito de seu trabalho de alfabetização, uma preocupação importante nas chamadas nações desenvolvidas é que ele não parece ser aplicável a outro contexto senão o do Terceiro Mundo. Você poderia falar sobre essa questão e, possivelmente, sobre o contexto do Terceiro Mundo que se encontra dentro do Primeiro Mundo, e de que maneiras suas propostas educacionais podem ser aplicadas aqui?

Freire: Desde minhas primeiras viagens pelo mundo, inclusive pelo Primeiro Mundo, essas questões fundamentais me têm sido formuladas. Creio, no entanto, que, nestes últimos anos, esse tipo de questionamento tem diminuído um pouco. Em primeiro lugar, falemos sobre a questão do Terceiro Mundo e do Primeiro Mundo. De minhas experiências de vida nos Estados Unidos (fui muito feliz em Cambridge e ainda me recordo da Broadway, a rua em que morei), descobri a presença do Terceiro Mundo dentro do Primeiro Mundo, como por exemplo os guetos nos Estados Unidos. Descobri também uma perversa discriminação racial e um chauvinismo linguístico, o que é uma espécie de racismo. Descobri e, simultaneamente, vivi essa realidade. Também fui discriminado (talvez não tanto quanto outros estrangeiros, especialmente imigrantes, porque muita gente me conhecia e conhecia minha obra). Mas às vezes me sentia discriminado. Havia pessoas que pensavam que eu fosse latino-americano hispânico e que se tornavam mais corteses quando lhes dizia ser brasileiro. Suponho que isso se dava por não haver muitos brasileiros em Cambridge!

Descobrindo o Terceiro Mundo dentro do Primeiro, tomei consciência de uma coisa óbvia: a presença do Primeiro Mundo dentro do Terceiro, a classe dominante. Aqui nos Estados Unidos, como em outras partes do Primeiro Mundo, a situação é muito mais complexa. Uma vez que os Estados Unidos não são unicamente Primeiro Mundo, e como certos educadores, não eu, dizem que minha abordagem da alfabetização só é aplicável no contexto do Terceiro Mundo, deviam pelo menos aplicá-la a seu Terceiro Mundo, facilmente identificável.

O problema principal é que esses educadores estão tratando da questão errada, quando dizem que as propostas de Freire, embora interessantes, não têm nada a ver com uma sociedade complexa. Neste caso, as questões devem ser definidas de maneira diferente. As propostas educativas que venho fazendo durante anos procedem basicamente de duas ideias bastante óbvias e não simplistas.

Em primeiro lugar, a educação é um ato político, quer na universidade, no curso secundário, na escola primária ou numa classe de alfabetização de adultos. Por quê? Porque a natureza mesma da educação possui as qualidades inerentes para ser política, como, na verdade, a política tem aspectos educacionais. Em outras palavras, um ato educativo tem uma natureza política e um ato político tem uma natureza educativa. Se assim é, de maneira geral, seria incorreto dizer que apenas a educação latino-americana tem uma natureza política. A educação no mundo todo é política por natureza. Em termos metafísicos, a política é a alma da educação, seu próprio ser, quer no Primeiro Mundo, quer no Terceiro. Quando um professor estuda determinado assunto (quando Giroux, por exemplo, analisa o currículo oculto), todas as instâncias da educação se tornam atos políticos. Não há modo algum pelo qual eu, ou quem quer que seja, possa contradizê-lo. A natureza política da educação, pois, não é um exotismo de Paulo Freire vindo do Terceiro Mundo.

Em segundo lugar, no Brasil, ou onde quer que seja, quer no trabalho em alfabetização, quer em cursos de pós-graduação, a educação é uma certa teoria do conhecimento posta em prática. Não podemos fugir a isso. Quer você, aqui em Massachusetts, ou eu, no Brasil, não importa sobre o que estejamos falando (linguística, no seu caso, relação entre educador e educando, no meu), o que parece mais importante é o objeto de conhecimento proposto a nós como educadores. Uma vez envolvidos nessa prática educativa, estamos também comprometidos com uma prática de conhecimento. Podemos estar procurando aprender um conhecimento predeterminado, já existente, ou podemos estar procurando criar um conhecimento que ainda não existe, como pesquisa. Todas essas práticas educativas implicam o processo de conhecer, em qualquer parte do mundo.

A questão a ser definida agora é quais são nossas posturas nesse processo de conhecer. Quais nossas posições na teoria do conhecimento? Como abordamos o objeto do conhecimento? Somos donos dele? Trazemo-lo em nossas maletas para distribuí-lo a nossos alunos? Utilizamos esse objeto de conhecimento para alimentar os alunos ou para estimulá-los ao conhecimento? Estimulamos os alunos a assumir o papel de sujeitos, ao invés do de pacientes e recipientes de nosso conhecimento?

Bem, essas não são questões apenas do Terceiro Mundo; são questões universais. Porém, não quero dizer que não haja limitações impostas por culturas, políticas e ideologias diferentes. Há limites concretos à prática democrática do conhecimento, neste país como em outros. Repito:

a experiência educativa criativa e crítica não constitui um exotismo do Terceiro Mundo.

Na alfabetização, os educandos devem assumir o papel de sujeitos do processo mesmo de domínio da própria língua. Os estudantes universitários devem assumir o papel de sujeitos cognoscentes no intercâmbio entre estudantes que conhecem e educadores que também conhecem. É óbvio que os professores não são os únicos sujeitos que conhecem.

O ponto de partida desse processo de conhecer educadores e educandos concentra-se nas expectativas e nos obstáculos com que defrontam os educandos no processo de aprendizagem, e não nas expectativas e no conhecimento do educador. Devo insistir, uma vez mais, em que isso não constitui um exotismo do Terceiro Mundo.

Além desses argumentos, penso na coerência de uma posição política dentro de uma perspectiva pedagógica, que é também política pela própria natureza, e, por isso, na coerência de uma postura teórica dentro da prática dessa teoria.

Os educadores se esquecem, por vezes, de reconhecer que ninguém passa de um lado da rua para o outro sem atravessá-la! Ninguém atinge o outro lado partindo desse mesmo lado. Não se pode chegar *lá* partindo de lá, mas de cá. O nível atual de meu conhecimento é o outro lado para meus alunos. Tenho de começar pelo lado oposto, o de meus alunos. Meu conhecimento é uma realidade minha, não deles. Então, tenho de começar a partir da realidade deles para trazê-los para dentro de minha realidade. Um professor pode dizer: "Mais uma ingenuidade romântica de Paulo Freire!" Insisto, porém, em que não há romantismo algum nessas ideias. O que se vê aí é uma coerência epistemológica com uma perspectiva política.

Parece haver agora menos dúvidas sobre a validade do que venho dizendo no Primeiro Mundo, porque intelectuais e educadores comprometidos deste mesmo mundo me vêm estudando com muita seriedade. Embora possam nem sempre concordar comigo, muitos deles percebem a viabilidade dessas ideias no contexto do Primeiro Mundo. No campo do ensino do inglês como segunda língua, aqui nos Estados Unidos, há inúmeros professores e pedagogos críticos que trabalham segundo as linhas gerais de meu pensamento. Ann Berthoff e Aida Shaw, também, incorporam minhas ideias, tanto em suas teorias quanto em suas práticas. Cerca de cinco anos atrás, um livro interessante e volumoso, *Aprendendo com Freire*, foi publicado na Alemanha, envolvendo um experimento longitudinal sobre educação pré-escolar, que incorporava meus métodos. Em *Pedagogia do oprimido* e em *Cartas à Guiné-Bissau*, salientei que minhas experiências deviam ser recriadas e não transplantadas. Em suma, meus experimentos educacionais no Terceiro Mundo não devem ser transplantados para o Primeiro Mundo; devem ser criados novamente, de outra forma.

MACEDO: Numa exposição, algum tempo atrás, você mencionou que algumas de suas teorias educacionais estão sendo estudadas por físicos. De maneira análoga, Richard Horsley, professor de teologia na Universidade de Massachusetts, disse que começou a compreender melhor o Novo Testamento depois de ler a *Pedagogia do oprimido*. Você poderia comentar o impacto que sua teoria educacional tem tido em diversos campos de estudo?

Freire: Durante toda minha vida, especialmente após a publicação de *Pedagogia do oprimido* nos Estados Unidos, e depois de viajar pelo mundo todo, observei muitas práticas educacionais que parecem ter sido, de alguma forma, influenciadas por meu pensamento. Diria, pois, que há uma dimensão universal no que tenho andado escrevendo sobre educação. Tenho a impressão de que a *Pedagogia do oprimido* brotou de uma experiência longamente vivida. Insisto sobre a esfera afetiva das coisas, sobre as dimensões humanísticas e intuitivas do ato de conhecer. Jamais pus sentimentos e emoções entre parênteses. Apenas os reconheço à medida que os expresso. Esse livro nasceu de um casamento entre mim e as muitas partes do conhecimento mundial que vivi e experimentei por onde vivi e por onde trabalhei e ensinei com compromisso, sentimentos, medo, confiança e coragem. Esse livro é radical, no sentido etimológico do termo. Vem das profundezas de fragmentos da história e da cultura latino-americana, especialmente do Brasil. Esse livro está saturado de tempo, história e cultura. E foi assim, creio eu, que esse livro adquiriu a universalidade de que desfruta.

Não creio que o universal seja possível sem um vibrante ponto de partida comunal. Não generalizamos sem fundamentar nossas generalizações sobre particularidades. Antes de se tornar universal, você é particular. Não se pode partir do universal para chegar ao local. Para mim, qualquer que seja a universalidade que haja em *Pedagogia do oprimido*, ela provém do vigor e da força de seu caráter local. Não tive qualquer pretensão ou sonhos de desenvolver uma teoria universal com esse livro. A questão é que, no entanto, o livro contém determinados temas que preocupam universalmente as pessoas. Por exemplo, tenho recebido comentários de muitas pessoas da Ásia e da África dizendo: "Li seu livro e agora entendo melhor meu próprio país." Jamais me esquecerei de uma carta que recebi de um sul-coreano que me disse que estava lendo meu livro secretamente. (Nem sei como conseguiu mandar-me aquela carta.) Ele me agradecia porque meu livro o estava ajudando a compreender melhor sua sociedade. Recebi cartas de outras pessoas do Oriente que me falavam coisa parecida. Numa dessas cartas, um curador de museu disse-me estar realmente influenciado pelo terceiro capítulo da *Pedagogia do oprimido*.

Matemáticos e físicos também me têm dito que sofreram grande influência de meu trabalho. Cerca de ano e meio atrás, fui convidado a participar da banca numa defesa de tese de doutoramento no Departamento de Física da Universidade de São Paulo. Disseram-me que estudavam minha obra com muita atenção (não como disciplina, naturalmente). E um estudante do departamento apresentou uma tese intitulada "Como estudar ciência de uma perspectiva freiriana".

De modo geral, tenho sido estudado por sociólogos e teólogos nos Estados Unidos, Europa e Inglaterra.

Há temas na *Pedagogia do oprimido* que tocam esses vários campos do conhecimento. O que digo a respeito desses temas não necessariamente fornecerá respostas, mas é provocativo. Incitam uma reflexão crítica por parte de físicos, matemáticos, antropólogos, artistas, músicos e outros.

No decorrer de um seminário de uma semana que coordenei na Universidade de York, na Inglaterra, um estudante aproximou-se de mim e disse: "Paulo, não estou matriculado neste seminário. Sou ex-aluno do Departamento de Música desta universidade. Sou músico e compositor. Vim aqui lhe dizer que li a *Pedagogia do oprimido* e fiquei tão comovido com esse livro que compus uma versão musical da obra." Eu me emocionei tão profundamente com o que ele disse que fiquei em silêncio, totalmente surpreso. Daí, apertamos as mãos. Dei-lhe um abraço e simplesmente lhe disse: "Estou muito feliz." Quando voltei a Genebra e contei isso a meu filho, que é um violinista clássico muito bom, ele perguntou: "Como é que você não teve a ideia de pedir-lhe que me mandasse sua composição para que eu pudesse tocá-la? Adoraria tocar a *Pedagogia do oprimido*!" Tudo que pude lhe dizer foi como estava surpreso e sem palavras.

Incidentes desse tipo continuam acontecendo. Como meus outros livros, a *Pedagogia do oprimido*, num certo ponto de sua trajetória, deixou de pertencer-me. Acho isso muito bonito, que os livros, como as pessoas, devam atingir sua autonomia. Agora, quando vejo *Pedagogia do oprimido* nas livrarias, por pouco não o cumprimento!

MACEDO: Em sua teoria, como se pode falar a respeito da apropriação crítica da cultura dominante pelo povo dominado?

FREIRE: Essa questão é muito crítica. Na contradição entre dominante e dominado, há um conflito cultural e de classe. Esse conflito é de tal ordem que o dominante minará as forças do dominado e fará de tudo para anestesiar a autoconsciência do povo dominado, negando-lhe a essência de sua própria cultura como algo que existe em sua experiência e por meio da qual ele também existe. Cultura, aqui, é usado em seu sentido mais amplo, indo desde o modo como alguém caminha, até o conhecimento do mundo, as expressões desse conhecimento, e as expressões desse mundo por meio da música, da dança etc.

O dominante precisa inculcar no dominado uma atitude negativa em relação a sua própria cultura. Aquele estimula este último a rejeitar a própria cultura, instilando nele uma falsa compreensão de sua cultura como algo feio e inferior. Além disso, o dominante impõe ao dominado seu modo de ser, de falar, de dançar, seus gostos, até mesmo seu modo de comer. Quanto a comer, aí o dominante impõe menos, exatamente por não querer chamar a atenção para o quanto ele come melhor do que seus dominados.

Que acontece quando o povo dominado finalmente vêm a verificar que sua cultura não é feia, como diz o dominador? Que sucede quando vê que seus valores não são tão deploráveis, que sua presença no mundo não é tão desprezível, como dizem os dominadores? Na verdade, os dominados são seres humanos que vêm sendo proibidos de ser. São explorados, ultrajados, e a eles se nega violentamente o direito de existir e o direito de expressar-se. Isso é verdadeiro, quer esses dominados representem todo um povo, um grupo social (como os homossexuais), uma classe social, ou determinado grupo sexual (como as mulheres).

Num determinado momento, nessa relação entre dominadores e dominados, alguma coisa se quebra. E à medida que outras coisas mais também se vão quebrando, elas provocam a mobilização. Inicialmente, essa mobilização é mínima. Mas essa mobilização vai aumentando à medida que importantes e diferentes questões emergem em contextos diferentes. Às vezes, os dominadores são mais violentos, intimidando o povo dominado, fazendo-o sofrer mais. Contudo, chega-se a um ponto limite, e esses pontos limite se somam, aumentando de frequência, intensidade e qualidade. Todos esses pontos limite são também, necessariamente, momentos de cultura. O povo dominado jamais aprenderia a lutar se isso não fosse uma experiência cultural. Nesse mesmo sentido, Amílcar Cabral percebeu nitidamente que os movimentos de libertação são, por um lado, um fato cultural e, por outro, um fator de cultura. As experiências de unir-se, de deflagrar uma fala diferente e proibida, de descobrir que essa fala é válida (ainda que proibida), de ver que essa fala é bonita (muito embora alguns digam que é feia) — essas experiências são culturais e pertencem à cultura do povo dominado. Quanto mais o povo dominado se mobiliza dentro de sua cultura, tanto mais se unirá, crescerá e sonhará (sonhar também é parte da cultura), e tanto mais fantasiará (a fantasia é uma parte da cultura envolvida no ato de conhecer). A fantasia, realmente, antecipa o conhecimento do amanhã. (Não sei por que tanta gente subestima a fantasia no processo de conhecer.) Em todo caso, todos esses atos constituem a cultura dominada querendo libertar-se.

E o que acontece com a cultura dominada quando ela luta pela libertação? Quando era meramente a cultura dominada, estava sujeita à doutrinação e estava domesticada. Agora, porém, embora ainda dominada, ela quer libertar-se. E, nesse processo de querer libertar-se, descobre também que a cultura dominante, exatamente por ser dominante, foi obrigada a desenvolver uma série de estratégias analíticas e científicas para alcançar seus propósitos. A cultura dominante desenvolve essas estratégias para analisar e explicar o mundo com vistas a dominá-lo. Quando a cultura dominada percebe a necessidade de libertar-se, descobre que tem que tomar a iniciativa e desenvolve suas próprias estratégias, como também utiliza as da cultura dominante. A cultura dominada faz isso, não simplesmente para ajustar-se, mas para lutar melhor contra a opressão. Então, num certo momento, a cultura elaborada a serviço dos dominadores deixa de ser assim, e uma cultura é recriada pelo povo antes dominado em proveito de uma libertação permanente.

Esta me parece ser uma perspectiva humanista não idealista, ou esperta, ou angélica. Recuso-me a rejeitar essa posição humanista.

Talvez você me tenha feito essa pergunta porque, em algum momento no passado (não me recordo onde), eu disse que, no processo da libertação, os dominados podem e devem incorporar criticamente algumas das dimensões da cultura dominante para utilizá-las como instrumentos mesmos de sua própria luta.

MACEDO: De que modo os movimentos sociais (tais como o de libertação feminina, os movimentos pacifistas, os ambientalistas) criaram uma nova modalidade de discurso pela libertação?

FREIRE: Creio que essa pergunta completa aquela que você fez antes, sobre a subjetividade, tema que considero politicamente importante para o final deste século.

Lembro-me, por exemplo, de que, no começo dos anos 1970, quando eu estava na Europa, algumas pessoas falavam sobre os movimentos sociais, como o de liberação da mulher e o movimento da ecologia, exatamente quando estavam começando a se firmar. E recordo que algumas pessoas da esquerda demonstravam muito pouco respeito por esses movimentos. Diziam que esses movimentos não teriam qualquer significação política por não se identificarem com classes sociais, mas apenas com indivíduos dentro dessas classes. Creio que houve algo de ingênuo e de dogmático na crítica a esses movimentos como sendo inoperantes, ou meros delírios, ou "escapismos".

Lembro-me de um casal de amigos nossos, Miguel Darcy e Rosiska, com quem trabalhei no Instituto de Ação Cultural (IDAC), que fundei em Genebra. Eles foram dos primeiros a salientar a importância desses movimentos, em conversas vivas que tivemos em Genebra. E daquela época para cá, percebo que os movimentos sociais construíram sua própria linguagem como momentos e movimentos de libertação.

Os ecologistas, por exemplo, vieram para defender o meio ambiente numa linguagem humana e poética. Ao defender o meio ambiente, estão defendendo cada um de nós. Eu costumava dizer: "Mais cedo ou mais tarde, eles explicitarão a política latente que está implícita em seu movimento." Os movimentos sociais nasceram *já* políticos, muito embora nem sempre sua natureza política fosse compreendida pelas pessoas envolvidas. Essa dimensão política (que ultrapassa de muito o objetivo imediato de qualquer movimento) amplificará os objetivos e a linguagem da libertação.

Isso me parece um fenômeno mundial. Contudo, me parece também que algo ainda não está completamente definido ou delineado. Esses movimentos sociais começaram por condenar o comportamento tradicional dos partidos políticos a tal ponto que os partidos políticos, em minha opinião, surgem como entidades desacreditadas para grande número de jovens. Ainda na Europa, preocupei-me com o papel político desempenhado pelos movimentos sociais e, ao mesmo tempo, pensei a respeito de suas limitações no nível político. Os movimentos sociais não devem parar na libertação pessoal e individual. Contudo, pôr em prática um ato de libertação exige um ato do poder. E um ato de poder, repito, deve ser reinventado, isto é, recriado para atuar dentro do espírito desses movimentos.

Julgava que os movimentos sociais não teriam recursos para atingir o poder formal. Se viessem a se tornar partidos políticos, por exemplo, corriam o risco de se tornar também tradicionais. Assim, a questão que se coloca é: como os partidos políticos podem aproximar-se de movimentos sociais e desenvolver a linguagem deles? Até que ponto esses partidos políticos não sectários e não autoritários poderão aprender com esses movimentos? Não falo dos partidos da direita (interesso-me em estudar os partidos da direta, mas não quero pertencer a eles), mas dos partidos populares da esquerda. Esses partidos precisam aproximar-se dos movimentos sociais, sem procurar dominá-los. Aproximando-se desses movimentos, os partidos de esquerda estarão, em certo sentido, se elevando e se completando.

Essas foram algumas ideias que tive na Europa e que vivi intensamente, ao regressar ao Brasil. Lá, vi a força das organizações familiares e das comunidades de base dentro da Igreja Católica, que nos últimos quinze anos tiveram repercussão extraordinária e deflagraram releituras dos evangelhos.

Naturalmente, há os que não gostam dessas releituras, encarando-as como intervenções comunistas e demoníacas. Essas releituras não são nada disso. Envolvem uma perspectiva crítica na qual o evangelho é relido do ponto de vista dos que sofrem e não dos que fazem os outros sofrerem. Nesse pedaço da história política do Brasil, fui testemunha de como um partido político começa a surgir e a constituir-se dentro de um movimento social. O novo partido político da classe trabalhadora brasileira pode desaparecer amanhã, mas por enquanto luta para encarnar esse espírito redesperto, tão importante para tratar das questões relativas ao final do século. Esse partido surgiu de movimentos sociais, e deles continua próximo até hoje, sem tentar dominá-los. Na verdade, foi por isso que me tornei membro desse partido.

Não estou certo de que os movimentos sociais estejam, em âmbito mundial, criando seu próprio discurso. (Em minha opinião deveriam fazê-lo, já que a linguagem própria desempenha um papel importante no processo de libertação.) O que sei é que esses movimentos estão sempre presentes nas diversas tentativas para recriar algumas sociedades.

Por exemplo, o papel dos ecologistas na França é indiscutível. Tiveram enorme influência nas últimas eleições que levaram à vitória de Miterrand. Na Alemanha, também são muito importantes.

Há, também, outros exemplos que surgem, vez por outra, em sociedades complexas como os Estados Unidos, mas esses levam a marca de uma espécie de escapismo. Esse escapismo pode ser oportuno, uma vez que é preciso primeiro que o desejo, a necessidade e a angústia de escapar estejam presentes para que esses movimentos existam. Se você tem um movimento que envolve quinhentas mil pessoas, isso prova que existe alguma ansiedade básica por detrás do escapismo. Mas na América Latina não há em geral movimentos escapistas. Na América Latina as pessoas precisam mudar, não "escapar". Como já disse, considero a necessidade dos movimentos escapistas (alguns deles chegam a criar uma linguagem própria, também escapista), mas esses movimentos têm muito pouca influência.

Nenhum educador que sonhe com uma sociedade diferente pode dispensar os movimentos sociais. Uma de nossas tarefas é procurar compreender os movimentos sociais e ver como podemos trabalhar com eles.

Macedo: Numa conversa anterior com Judy Goleman e Neal Bruss [da Universidade de Massachusetts], foi-lhe pedido que dissesse o que você gosta de fazer. Você poderia falar sobre isso agora?

Freire: Quando Neal me fez essa pergunta, fiquei muito animado, e queria muito responder-lhe, mas não tive o tempo necessário para isso. Agora, vou simplesmente falar sobre as coisas de que mais gosto, mas quero acrescentar que o que vou dizer deve ser compreendido em termos intelectuais mas também existenciais.

Realmente gosto de gostar de outras pessoas e de me sentir bem com elas. Gosto de viver, de viver a vida intensamente. Sou do tipo de pessoa que ama apaixonadamente a vida. Claro que vou morrer um dia, mas tenho a impressão de que, quando morrer, também vou morrer com grande intensidade. Vou morrer sentindo-me intensamente. Por essa razão, vou morrer com enorme anseio por viver, pois desse modo é que tenho vivido.

É assim também que trabalho em pedagogia. Assim é que faço amizades, e é assim que leio um livro. Não sei ler um livro desinteressadamente. Não sei ler um livro que não me toque ou não me emocione. Assim, a primeira coisa que tenho a dizer sobre o que gosto de fazer é que gosto de viver!

Para mim, a coisa fundamental na vida é trabalhar para criar uma existência que transborde da vida, uma vida que seja muito bem pensada, uma vida criada e recriada, uma vida que seja feita e refeita nessa existência. Quanto mais faço alguma coisa, mais existo. E eu existo com muita intensidade.

Muito embora goste de amar as pessoas e de viver intensamente, posso não tratar bem as pessoas todo o tempo. Podia-se esperar que, querendo gostar tanto das pessoas, eu sempre as trataria bem. É possível que às vezes não trate os outros tão bem. Devo admitir essa deficiência como um fato do querer viver, do viver intensamente. Às vezes minha paixão de viver, que se confunde com a paixão de conhecer, leva-me a agir mal com os outros. Mas se ajo mal, isso é involuntário.

Agora, tendo em mente essa ideia de gostar de viver, gosto de inúmeras outras coisas. Gosto demais de bater papo. Conversando, varo a noite, recordando e revivendo com amigos experiências passadas que vivemos juntos. Há dois ou três anos, Elza e eu recebemos em nossa casa uma velha amiga. Ela trabalhou comigo no Chile. É uma excelente socióloga, e gosto muito dela. Ela também é uma amante da vida, como eu. E, como eu, adora *pisco*, bebida típica de seu país. Ela me trouxe uma garrafa do Chile. Lembro que passamos a noite inteira conversando e bebendo *pisco*. Era o tipo de conversa em que falávamos de tudo e de coisa alguma, e tudo valia, nossas dúvidas, nossas risadas, nossas tristezas, nossas recordações, nossa felicidade, nossa crítica sobre o que fizemos e o que não fizemos. Revivemos parte de sua vida, quando era muito jovem no Chile e, depois, uma parte de minha vida, quando trabalhei no Chile e ela foi minha assistente.

Gosto desse tipo de coisa, bater papo com amigos. Aqui, nos Estados Unidos, faço isso com meus amigos sempre que possível. Lembro-me das muitas horas que passei, uns dois anos atrás, conversando com você e com Henry Giroux. Ao vir para os Estados Unidos, parei no México e passei horas com amigos dali, falando e recordando. Não sinto estar perdendo tempo ao fazer isso. Aprendo muito com esses bate-papos. Para mim, essas conversas são tão ricas quanto um seminário programado, e podem resultar tão rigorosas quanto ele. De volta ao Brasil, muitas vezes, depois de uma conversa com um amigo, vou para casa e registro alguns dos tópicos de nossa conversa e reflito a respeito deles. Para mim, conversar com duas, três, quatro ou mais pessoas é um modo de ler o mundo.

Gosto de comer. Não sei se você concorda, mas creio que há certa conexão entre comer, gostar de comer, sensualidade e criatividade. Devo confessar que tenho um pouco de medo de gente que me diz que não gosta de comer. Fico um pouco desconfiado (a não ser em caso de doença, naturalmente). Mas desconfio de alguém que simplesmente prefere pílulas ou comida plástica a um bom prato, como uma feijoada brasileira, uma *catchupa* cabo-verdiana ou um prato português. Agora, pode ser que se troque comida por pílulas, e isso também seria cultura. Afinal de contas, o paladar é cultural. Mas vivo intensamente e culturalmente para saborear minha comida! Passei dezesseis anos exilado, com Elza me ajudando a sobreviver procurando por toda parte as coisas que tivessem o sabor da cozinha brasileira.

Para mim, comer é um ato social, como conversar. Quando como sozinho, não tenho prazer na comida, por melhor que ela seja, porque me sinto de certa forma limitado. Preciso comer com outras pessoas. A comida serve de mediador para a conversa. Também gosto de beber um pouco. Não só sucos de frutas, que adoro, mas também a cachaça brasileira, ou um bom vinho francês, chileno ou californiano. E adoro um bom vinho português.

Gosto também de todo tipo de música, não só da chamada música clássica. Em casa, quando estou exausto por excesso de trabalho, uma boa peça me reanima. Vivaldi, ou Villa-Lobos. Villa-Lobos me arrasta para o mistério da Amazônia. Há uma poderosa força da terra em sua música fantástica. Muitos tipos de música me envolvem e me trazem paz. Os *blues* norte-americanos, o samba brasileiro, a *morna* cabo-verdiana. A *morna* cabo-verdiana é a modinha brasileira, popular no começo do século. Quando fui ao Cabo Verde pela primeira vez e ouvi a *morna*, tive saudade do Brasil, especialmente do tempo em que a modinha era popular, tempo que eu próprio não vivi, mas conheço pela música. A música popular também me fascina, mas a música clássica é clássica, suponho, porque tem base popular.

Gosto muito de ler. E gosto muito de escrever, muito embora não tenha facilidade para escrever. Para mim, escrever sempre foi um exercício difícil mas agradável. Gosto também de outras coisas, como esportes, especialmente o futebol. Amo o mar, as praias. E gosto muito de caminhar pela praia e de tomar banho de sol sob o sol tropical. Gosto de caminhar pelas grandes cidades. Nova York me descansa. Gosto de me perder no centro de grandes cidades. Às vezes não me sinto tão bem quando me perco em comunidades pequenas.

Gosto muito de receber cartas. Recebo muitas cartas e procuro respondê-las todas, com a ajuda de uma boa amiga. De vez em quando penso que devia mandar uma carta para o mundo, pedindo que as pessoas *não* me escrevessem, porque não me é fácil responder a todas as cartas que recebo. Mas essa minha amiga se dispôs a ajudar-me e tem me auxiliado muito.

Amo as crianças. Posso estar enganado, mas creio que as crianças também gostam muito de mim. Não só meus netos, que evidentemente sabem que sou seu avô, mas as crianças na rua. Na Europa, costumavam me chamar de Papai Noel, no Brasil também, por causa de minha barba branca. Elas vêm correndo para mim nas ruas. Às vezes me pergunto por que isso. Tomara que eu não as assuste!

Aos 23 anos, recém-casado, comecei a descobrir, mas ainda não era capaz de expressá-lo com clareza, que o único modo de nos mantermos vivos, alertas e de sermos verdadeiros filósofos é nunca deixar morrer a criança que existe dentro de nós. A sociedade nos pressiona para que matemos essa criança, mas devemos resistir, porque quando matamos a criança que há dentro de nós estamos nos matando. Murchamos e envelhecemos antes do tempo. Tenho agora 62 anos, mas frequentemente me sinto com dez ou vinte. Quando subo cinco lances de escada meu corpo me faz lembrar a idade que tenho, mas o que há dentro de meu velho corpo está intensamente vivo, simplesmente porque preservo a criança que há dentro de mim. Creio também que meu corpo é jovem e tão vivo quanto essa criança que fui outrora e que continuo a ser, essa criança que me leva a amar tanto a vida.

Sinto-me interiormente incompleto, nos níveis biológico, afetivo, crítico e intelectual, e essa incompletitude me impele, de maneira constante, curiosa e amorosa na direção das outras pessoas e do mundo, em busca de solidariedade e de transcendência da solidão. Tudo isso implica querer amar, uma capacidade para amar que as pessoas têm que criar dentro de si mesmas. Essa capacidade aumenta na medida em que se ama; diminui, quando se tem medo de amar. Claro que em nossa sociedade não é fácil amar, porque tiramos da tristeza muito de nossa felicidade; isto é, muito frequentemente, para nos sentirmos felizes, é preciso que outros estejam tristes. É difícil amar em tais circunstâncias, mas é necessário fazê-lo.

Amo as coisas simples, os lugares costumeiros, do dia a dia. Detesto os ajuntamentos sofisticados e esnobes, onde as pessoas não sabem o que fazer com as mãos: devo pô-las no braço da cadeira, ficar brincando com a gravata, com a barba? Quando a gente não sabe o que fazer com as mãos é porque não está à vontade. Detesto esse tipo de ajuntamento. Gosto de me sentir à vontade.

Amo saber que amo Elza. Estamos casados e sentindo nosso amor recíproco há quarenta anos. Gosto de estar com ela e com meus filhos. Gosto de ser pai. Nunca achei nada de errado em ser pai. Quando jovem, eu pensava que viver e dormir com uma mulher (e, daí, vem mais gente, sem ser chamada, e de quem depende o mundo) poderia interromper minha vida intelectual. Se assim fosse, ainda preferiria minha vida com Elza e com meus filhos à minha vida intelectual. Como, porém, jamais achei que minha vida familiar e minha vida intelectual fossem incompatíveis, pude ter uma família e escrever, ao mesmo tempo. Minha família não interfere em meu ato de escrever, e este não interfere no amor que tenho por minha família. Por isso é que escrevo com grande amor e que amo escrever.

MACEDO: Que conselho final você daria aos leitores?

FREIRE: Não posso dar nenhum conselho específico, mas eis aqui algumas sugestões fraternais. Em primeiro lugar, comece a reler este livro. Essa segunda leitura deve ser mais crítica do que a primeira. Esta sugestão vale não só para este livro, como para toda leitura que você fizer.

Quer em relação a uma gota de chuva (uma gota que ia cair, mas que congelou, gerando um lindo sincelo), a um pássaro que canta, a um ônibus que corre, a uma pessoa violenta na rua, a uma frase no jornal, a um discurso político, ao "fora" de um namorado, ao que quer que seja, devemos adotar uma posição crítica, a da pessoa que questiona, que duvida, que investiga e que quer iluminar a vida mesma que vivemos.

O que sugiro é aprender o sentido de nossa alienação diária, para superá-la, a alienação de nossa rotina, da repetição burocrática das coisas, de fazer a mesma coisa todo dia às dez horas, por exemplo, porque "tem que ser feito", sem nunca questionarmos por quê. Devemos tomar a vida em nossas próprias mãos e começar a exercer controle. Devemos procurar enfrentar o tempo e escapar a seu domínio.

Nessas sociedades complexas vemo-nos, por vezes, vivendo muito submergidos pelo tempo, sem uma apreciação crítica e dinâmica da história, como se a história estivesse flutuando sobre nós, comandando e regulando incansavelmente nossas vidas. Isso é um fatalismo que imobiliza, nos sufoca e finalmente nos mata. A história não é nada disso. A história não tem poder. Como disse Marx, a história não nos comanda, a história é feita por nós. A história nos faz enquanto a fazemos. Mais uma vez, minha sugestão é que procuremos emergir dessa alienante rotina diária que se repete infindavelmente. Vamos compreender a vida, não necessariamente como a repetição diária das coisas, mas como um esforço para criar e recriar, e como um esforço de rebeldia, também. Vamos tomar nas mãos nossa alienação e perguntar: "Por quê?", "Isso tem que ser desse modo?". Creio que não. Precisamos ser sujeitos da história, ainda que não consigamos deixar totalmente de ser objetos da história. E, para sermos sujeitos, precisamos indiscutivelmente examinar a história criticamente. Como participantes ativos e verdadeiros sujeitos, podemos fazer a história apenas se continuamente formos críticos de nossas próprias vidas.

APÊNDICE

CARTA A MÁRIO CABRAL

Caro camarada Mário Cabral,

Desde o primeiro momento em que começamos o nosso diálogo, por meio das primeiras cartas que lhe fiz, diálogo que não apenas continuou e se aprofundou, mas que também se vem estendendo a outros camaradas, uma preocupação constante nos acompanhou: a de jamais nos vermos, em nossa colaboração à Guiné e ao Cabo Verde, como "expertos internacionais", mas, pelo contrário, como militantes. Como camaradas, engajando-nos mais e mais, no esforço comum de reconstrução nacional. O que quero dizer com isso ou reafirmar é que, para nós, não só individualmente, mas enquanto equipe, seria impossível um tipo de colaboração em que funcionássemos como "consultores técnicos", desapaixonadamente. Assim também, por outro lado, é que vocês todos nos receberam. Assim também é que vocês entenderam, desde o princípio, a nossa presença aí. O que vocês queriam e esperavam de nós era o que buscávamos fazer e ser.

Não tivesse havido esta coincidência e, não raro, poderíamos ter sido tomados como impertinentes, num ou noutro momento de nosso trabalho em comum, quando o que sempre nos moveu foi e continua a ser o nosso espírito de militância.

É com este mesmo espírito que lhe escrevo mais esta carta. Carta que, embora escrita e assinada por mim, sumaria a posição de toda a equipe e se constitui numa espécie de relatório, mesmo incompleto, de nossa última reunião em Genebra, em que tentamos um balanço das atividades a que temos estado tão ligados na Guiné-Bissau.

Recordemos aqui, ainda que rapidamente, como necessidade didática, alguns dos pontos que, juntos, o Comissariado de Educação e nós vimos estabelecendo como fundamentais, desde os começos de tais atividades:

a) a alfabetização de adultos, como toda educação, é um ato político, não podendo, por isso mesmo, ser reduzida ao puro aprendizado mecânico da leitura e da escrita;

b) o aprendizado da leitura e da escrita de textos, em coerência com a linha política do PAIGC, com a qual concordamos, implica a compreensão crítica do contexto social a que os textos se referem; demanda a "leitura" da realidade através da análise da prática social dos alfabetizandos, de que o ato produtivo é uma dimensão básica. Daí a impossibilidade de separar-se a alfabetização e a educação em geral da produção e, por extensão necessária, da saúde;

c) a introdução da palavra escrita em áreas onde a memória social é exclusiva ou preponderantemente oral pressupõe transformações infraestruturais capazes de tornar necessária a comunicação escrita. Daí a necessidade que se teve de estabelecer as áreas prioritárias para a alfabetização, isto é, aquelas que estivessem sofrendo tais transformações ou por sofrê-las a curto prazo.

Tomando estes itens como campo de referência para a análise do que foi possível fazer neste ano e pouco de experiências, de que tanto temos aprendido, resulta óbvio que o ponto central, o problema maior a ser pensado e discutido, é o da língua.

Em várias oportunidades, não somente em cartas, mas também em reuniões de trabalho, aí, a questão da língua foi discutida. Debatemo-la no seio mesmo da Comissão Nacional, na sessão de sua instalação e, uma vez mais, na última de suas reuniões, se não me equivoco. Poucas não foram, por outro lado, as vezes em que tratamos este problema com os membros da Comissão Coordenadora, voltando a ele, aí, em junho passado, numa das reuniões de estudos a que você presidiu e de que Mário de Andrade participou, juntamente com camaradas de outros setores do Comissariado de Educação. Reunião em que Marcos Arruda[76] propôs, num pequeno texto, algumas sugestões a propósito. Poderia, finalmente, citar ainda a última conversa que tivemos com o camarada presidente, cujo núcleo principal foi a língua.

Há um ano e pouco, se não estamos interpretando mal a política do governo, se pensava que seria viável a alfabetização em língua portuguesa, mesmo reconhecendo-se o crioulo como língua nacional. A razão radical para a alfabetização na língua estrangeira era a inexistência ainda da disciplina escrita do crioulo. Enquanto esta disciplina não fosse alcançada, pensava-se que não havia por que deixar o povo iletrado. Os próprios resultados que se vinham obtendo com a alfabetização em português, no seio das FARPs,[77] reforçavam esta hipótese.

O que a prática, porém, vem evidenciando é que o aprendizado da língua portuguesa se dá, mesmo com dificuldades, nos casos em que esta língua não se acha totalmente

---

[76] Membro da equipe do IDAC, na época.
[77] Forças Armadas Populares.

estranha à prática social dos alfabetizandos, o que é, de resto, óbvio. Este é, exatamente, o caso das FARPs, como o de certos setores de atividades de centros urbanos como Bissau. Mas este não é o caso dos centros rurais do país, em que se encontra a maioria esmagadora da população nacional, em cuja prática social a língua portuguesa inexiste. Na verdade, a língua portuguesa não é a língua do povo da Guiné-Bissau. Não é por acaso que o camarada presidente se cansa, como nos afirmou, quando tem de falar, por longo tempo, em português.

O que se vem observando, nas zonas rurais, apesar do alto nível de interesse e de motivação dos alfabetizandos e dos animadores culturais, é a impossibilidade do aprendizado de uma língua estrangeira como se ela fosse nacional. De uma língua virtualmente desconhecida, pois que as populações, durante os séculos de presença colonial, lutando por preservar sua identidade cultural, resistiram a ser "tocadas" pela língua dominante, no que foram "ajudadas" pela maneira como os colonizadores se comportaram quanto à organização das forças produtivas do país. O uso de suas línguas deve ter sido, por muito tempo, um dos únicos instrumentos de luta de que dispunham. Não é de estranhar, pois, que os próprios animadores culturais destas mesmas zonas dominem precariamente o português. De estranhar seria que, em tais circunstâncias, o aprendizado da língua portuguesa se estivesse dando, mesmo que apenas razoavelmente.

Se há uma área, por exemplo, de cujo esforço de alfabetização era legítimo esperar os melhores resultados, esta área é Có. O Centro Máximo Górki, integrando-se cada vez mais à vida das comunidades em torno dele, contando com professores efetivos e estagiárias com alto nível de consciência política, tinha todas as condições necessárias para tornar-se um núcleo de apoio aos trabalhos de alfabetização. O que se observou, porém, ao longo da experiência e se comprovou em junho passado com a avaliação feita por Augusta[78] e Marcos Arruda é que os alfabetizandos, durante os largos meses de esforço, não conseguiram fazer outra coisa senão uma caminhada cansativa em torno das palavras geradoras. Marchavam da primeira à quinta; na quinta, haviam esquecido a terceira. Voltava-se à terceira e se percebia que haviam olvidado a primeira e a segunda. Por outro lado, ao procurarem criar palavras com as combinações silábicas de que dispunham, raramente o faziam em português. Eu mesmo tive a oportunidade de ver palavras portuguesas, mas cuja significação era outra, completamente, pois era em mancanha[79] que pensavam. Por quê? Porque a língua portuguesa não tem nada a ver com sua prática social. Na sua experiência cotidiana, não há um só momento, sequer, em que a língua portuguesa se faça necessária. Nas conversas em família, nos encontros de vizinhos, no trabalho produtivo, nas compras no mercado, nas festas tradicionais, ao ouvir o camarada presidente, nas lembranças do passado. Nestas, o que deve estar claro é que a língua portuguesa é a língua dos "tugas", de que se defenderam durante todo o período colonial.

Poder-se-ia argumentar que esta dificuldade no aprendizado se deve à inexistência de materiais de suporte. O que nos parece, porém, é que a falta desses materiais, no sentido mais

---
[78] Membro da equipe do Comissariado de Educação.
[79] Uma das línguas nacionais.

amplo possível, que poderia ser, em outras circunstâncias, a causa principal do fato, nesta é puramente adjetiva. O que quero dizer é que, mesmo dispondo de um bom material de ajuda, como teremos com o *Caderno de educação popular*, os resultados seriam apenas pouco melhores. É que o *Caderno*, enquanto material de suporte, em si, não é capaz de superar a razão fundamental, substantiva, da dificuldade: a ausência da língua portuguesa na prática social do povo. E esta língua estrangeira — o português — não faz parte da prática social das grandes massas populares da Guiné-Bissau, uma vez que não se insere em nenhum dos níveis daquela prática. Nem no nível da luta pela produção, nem no dos conflitos de interesses, nem no da atividade criadora do povo. O aprendizado de uma língua estrangeira se impõe a pessoa ou a grupos sociais, como uma necessidade, quando, em pelo menos num desses níveis, este aprendizado se torna importante.

Insistir, pois, em nosso caso, no ensino do português, significa impor à população um esforço inútil e impossível de ser alcançado.

Não seria demasiado — pelo contrário, absolutamente indispensável — alongar um pouco mais estas considerações em torno da língua, no quadro da reconstrução nacional, da criação de uma sociedade nova em que se elimine a exploração de uns por outros, de acordo com os ideais maiores que sempre animaram o PAIGC. Ideais com a encarnação dos quais o PAIGC se veio forjando como vanguarda autêntica do povo da Guiné e Cabo Verde.

A manutenção, por muito tempo, da língua portuguesa, mesmo que se lhe chame, apenas, de língua oficial, mas com prerrogativas, na prática, de língua nacional, pois que é através dela que se vem fazendo parte substancial da formação intelectual da infância e da juventude, trabalhará contra a concretização daqueles ideais.

Sublinhemos que não pretendemos dizer com isso que o partido e o governo devessem ter suspendido todas as atividades educativo-sistemáticas do país, enquanto não contassem com o crioulo escrito. Isso é tão absurdo que não pode sequer ser pensado. Enfatizamos, sim, é a urgência de tal disciplina que viabilizará, em termos concretos, o crioulo como língua nacional, de que resultará que o português, no sistema educacional do país, assumirá, a pouco e pouco, o seu estatuto real — o de língua estrangeira e, como tal, será ensinada.

Na medida, ao contrário, em que o português continuar a ser, no sistema educacional, a língua que mediatiza grande parte da formação intelectual dos educandos, será bastante difícil uma real democratização desta formação, apesar dos esforços indiscutíveis que se vêm fazendo e que se continuará a fazer neste sentido. A língua portuguesa terminará por estabelecer um corte social no país, privilegiando uma pequena minoria urbana com relação à maioria esmagadora da população. Será indubitavelmente mais fácil àquela minoria, com acesso ao português por sua própria posição social, avantajar-se à maioria na aquisição de certo tipo de conhecimento, bem como na expressão oral e escrita, com que satisfaz um dos requisitos para a sua promoção nos estudos, com *n* consequências que podem ser previstas.

Que fazer como resposta a este desafio, sobretudo quando se conta com a vantagem, que nem sempre ocorre, da existência de uma língua de unidade nacional, o crioulo? Que política de ação poderíamos adotar, adequada aos dados concretos desta realidade? Não tendo a pretensão de responder a estas questões, em sua complexidade, questões que envolvem a política cultural e educacional do país, nos limitamos, apenas, a algumas sugestões, a título de colaboração humilde, que fazemos enquanto camaradas.

Em primeiro lugar, nos parece urgente concretizar o que você e Mário de Andrade vêm pensando, e a que me referi acima, isto é, a disciplina escrita do crioulo, com o concurso de linguistas que sejam igualmente militantes.

Enquanto este trabalho de disciplina do crioulo se estivesse fazendo, limitaríamos, no campo da ação cultural, a alfabetização em português:

1. à área de Bissau, onde a população, dominando perfeitamente o crioulo, tem familiaridade com o português. Aí, sobretudo, a alfabetização em português se faria nas frentes de trabalho, em que ler e escrever esta língua podem significar algo importante para os que aprendem e para o esforço de reconstrução nacional;

2. a certas áreas rurais, quando e se os programas de desenvolvimento econômico-social exigirem dos trabalhadores habilidades técnicas que, por sua vez, demandem a leitura e a escrita do português. Neste caso, se o crioulo não é falado fluentemente como se dá em Bissau, impõe-se, ainda, o reestudo da metodologia a ser usada para o ensino da língua portuguesa.

Em qualquer dos casos, porém, se faria indispensável discutir com os alfabetizandos as razões que nos levam a realizar a alfabetização em português.

Percebe-se, assim, quão limitada seria a ação no setor da alfabetização de adultos. E que fazer com relação às populações que não se encontram nas hipóteses referidas? Engajá-las, a pouco e pouco, em função das limitações de pessoal e de material, num esforço sério de animação ou ação cultural. Em outras palavras, na "leitura", na "releitura" e na "escrita" da realidade, sem a leitura e a escrita de palavras.

A ação cultural, enquanto ação político-pedagógica que inclui a alfabetização, nem sempre, porém, está obrigada a girar em torno dela. Muitas vezes é possível e, mais do que possível, necessário trabalhar com comunidades na "leitura" de sua realidade, associada a projetos de ação sobre ela, como hortas coletivas, cooperativas de produção, em estreita ligação com esforços de educação sanitária, sem que, porém, a população necessite de ler palavras. Donde podemos afirmar que, se todo aprendizado da leitura e da escrita de palavras, numa visão política tal qual a do PAIGC e a nossa, pressupõe, necessariamente, a "leitura" e a "escrita" da realidade, isto é, o envolvimento da população em projetos de ação sobre a realidade, nem todo programa de ação sobre a realidade implica, inicialmente, o aprendizado da leitura e da escrita de palavras.

Visando à mobilização das populações, à sua organização para que se engajem em projetos de ação transformadora de seu meio, a ação cultural deve partir de um conhecimento preciso das condições deste meio; de um conhecimento das necessidades sentidas das populações, de que a razão de ser mais profunda nem sempre já foi percebida e claramente destacada por elas.

A "leitura" da realidade, centrada na compreensão crítica da prática social, lhes proporciona esta clarificação. Não foi por acaso que um participante de excelente programa de ação cultural, ou de animação cultural, ou de educação popular, não importa o nome que se lhe dê, de Sedengal, afirmou: "Antes, não sabíamos que sabíamos. Agora, sabemos que sabíamos e que podemos saber mais."

Parece fora de dúvida que este camarada, que se vem apropriando de uma compreensão crítica do que é o conhecimento, de sua fonte, ao fazer aquela afirmação, não se referiu ao domínio precário que vinha exercendo, penosamente, sobre uma ou outra palavra geradora em português. Referia-se, sim, às dimensões da realidade que ele vinha desvelando, com os outros, no trabalho produtivo, na horta coletiva.

Um dos problemas que se colocam, no momento, no caso específico de Sedengal, é a resposta concreta à última parte do discurso daquele camarada, que deve expressar o nível de curiosidade não só dele mas dos demais. Isto é, a resposta, traduzida em termos de ação e reflexão, ao que ele diz tão claramente: "Agora sabemos que podemos saber mais." O que se impõe é a definição com eles, do que deve constituir-se como "universo" de conhecimento apontado no "agora sabemos que podemos saber mais". Em outras palavras, delimitar o que se pode saber mais.

Observe-se, por outro lado, o indiscutível nível de abstração teórica expresso no discurso, independentemente de não ser o seu autor alfabetizado. Ele parte da afirmação de que "antes não sabiam que sabiam". Ao descobrir, engajados na produção de caráter coletivo, que sabiam, infere, corretamente, "que podem agora saber mais", mesmo que não delimite o objeto a ser conhecido. O fundamental, em seu discurso, no momento em que o fez, era a afirmação geral em torno da possibilidade real de conhecer mais.

Não há dúvida de que seria interessante se esforços de ação cultural como o de Sedengal, para falar só neste, pudessem já incluir, com êxito, a alfabetização. Independentemente dela, contudo, Sedengal se afirma, cada vez mais, hoje, a nível nacional, na Guiné-Bissau. E se afirma não porque os participantes dos Círculos de Cultura tivessem chegado a poder escrever e ler pequenas frases em língua portuguesa mas porque, em certo momento da inviável aprendizagem daquela língua, descobriam o possível: o trabalho coletivo. E foi dando-se a esta forma de trabalho, com a qual começaram a "reescrever" sua realidade e a "relê-la", que tocaram e despertaram a comunidade toda e, tudo indica, poderão tornar Sedengal um caso exemplar.

Nenhum texto, nenhuma leitura mais correta poderiam ter sido apresentados no encerramento da primeira fase de atividades dos Círculos de Cultura de Sedengal, de que o camarada Mário Cabral participou, do que a horta coletiva, do que a presença atuante de uma população engajada no empenho de reconstrução nacional.

Sedengal é já um exemplo concreto, incontestável, do muito que se pode fazer no país através da ação cultural sem a alfabetização; é uma fonte riquíssima de aprendizagem, de capacitação de novos quadros.

Parece-nos que em Có, onde se encontram, como se sabe, condições altamente favoráveis, se poderia tentar uma segunda frente de ação cultural, integrando-se saúde com agricultura, mesmo que se pudesse ter, como ponto de partida, a saúde. Para isso, procuraríamos elaborar um manual sobre educação sanitária, dirigido aos animadores e contendo as noções mais elementares sobre como pode a comunidade, pelo trabalho coletivo e pela transformação do meio, melhorar a sua saúde e prevenir doenças.

Um anteprojeto deste manual, elaborado aqui em suas linhas gerais, seria levado em setembro a Bissau, onde, se aceita a nossa proposta, seria revisto pelos especialistas nacionais e, em seguida, mimeografado. Em outubro, se faria a capacitação dos animadores e se começaria o programa em seus primeiros momentos.

O desenvolvimento da experiência, a ser bem acompanhada e permanentemente avaliada, serviria para aperfeiçoar a formação dos animadores, testar e melhorar o manual e desafiar a inventividade de todos, no que diz respeito à criação de novos materiais de apoio. De novas formas de linguagem, adequada à realidade, com que a comunicação se faça mais eficientemente.

Se se tratasse de uma área cuja população se achasse pouco trabalhada do ponto de vista político, outro procedimento inicial teríamos de ter. Todos sabemos, porém, o que vem representando a atuação do Centro Máximo Górki junto às populações das tabancas de Có, bem como o papel que junto a elas tem jogado, também, o comitê do partido.

Desta maneira, de um lado, teríamos Sedengal marchando, desenvolvendo novos conteúdos programáticos de ação cultural, com a colaboração, hoje, cada vez maior, do Comissariado de Agricultura, a que o de Saúde se juntará; de outro, o projeto de Có e ambos, como disse antes, constituindo-se como fontes de experiência e centros dinâmicos para a capacitação de quadros a trabalhar em programas de outras áreas.

Estas são, em linhas gerais, amigo e camarada Mário Cabral, as considerações que gostaríamos de fazer chegar a você, um mês antes da ida aí de Miguel, Rosiska e Claudius.[80]

Com um abraço fraterno de Elza e meu à camarada Beatriz e a você, ao qual a equipe toda junta o seu também.

Paulo Freire
Genebra
15 de julho de 1977

---

[80] Miguel D'Arcy de Oliveira, Rosiska D. de Oliveira e Claudius Ceccon (IDAC).

Bibliografia

Bakhtin, Mikhail. *The Dialogic Imagination: Four Essays*. Apud Rosen, Harold. "The Importance of Story". *Language Arts*, 63, 1986, p. 234.

Bennett, William. *New York Times*, 26 e 27/9/1985.

Bourdieu, Pierre; Passeron, Jean-Claude. *Reproduction in Education, Society, and Culture*. Beverly Hills, Califórnia: Sage, 1977.

Caetano, J. *Boletim da Sociedade de Geografia*, 3ª série. Lisboa: s/d.

Cummings, J. "Functional Language Proficiency in Context: Classroom Participation as an Interactive Process", in Tikunoff, William (org.). *Significant Instructional Features in Bilingual Education: Proceedings of Symposium at NABE 1983*. São Francisco, Califórnia: Far West Laboratory, 1984.

Donald, James. "Language, Literacy, and Schooling", in *The State and Popular Culture*. Milton Keynes: Open University, U203 Popular Culture Unit, 1982.

Fowler, Roger et alii. *Language and Control*. Londres: Routledge and Kegan Paul, 1979.

Freire, Paulo. *Pedagogy in Process*. Nova York: Seabury Press, 1978.

Giroux, Henry A. *Theory and Resistance in Education: A Pedagogy for the Opposition*. South Hadley, Massachusetts: J.F. Bergin Publishers, 1983.

Giroux, Henry A.; McLaren, Peter. "Teacher Education and the Politics of Engagement: The Case for Democratic Schooling". *Harvard Educational Review*, agosto de 1986.

Kenneth, J. "The Sociology of Pierre Bourdieu". *Educational Review*, 25, 1973.

Lukas, J. Anthony. *Common Ground*. Nova York: Alfred A. Knopf, 1985.

Myers, Greg. "Reality, Consensus, and Reform in the Rhetoric of Composition Teaching". *College English*, 48, n. 2, fevereiro de 1986.

Rosenblatt, Louise. "The Enriching Values of Reading", in Gray, William S. (org.). *Reading in an Age of Mass Communication*. Nova York: Appleton-Century-Crofts, 1949.

Unesco. *An Asian Model of Educational Development: Perspectives for 1965-1980*. Paris: Unesco, 1966.

Walmsley, Sean. "On the Purpose and Content of Secondary Reading Programs: Educational Ideological Perspectives". *Curriculum Inquiry*, 11, 1981.

Índice remissivo

Ação Humana, 96-7
África, 44, 47, 84, 103, 104, 118, 156, 171-185 *passim*, 195; classe funcionária na, 172-3; liderança pós-colonial da, 91-2; língua portuguesa na, 123-4, 137, 174, 182-9, 247-55
"África portuguesa", 138
Alfabetização: como "linguagem do possível", 89, 92; como "leitura da palavra e do mundo", 46 ss.; como movimento social, 33-4; definição, 49-53; crítica, teoria da, 56-8, 64-72; emancipadora, 41-6, 79, 120-1, 162, 188, 193-8; funcional, 36-7, 52-3, 178-79; história e, 52-4; nas zonas rurais, 248, 252; obstáculos à, 53-4; natureza política da, 42, 46, 120-22, 170-3, 246; taxas de, 139; teorias da, 38-43, 55-58, 175-82; radical, teoria da, *ver* Pedagogia radical. *Ver também* Educação; Analfabetismo; Campanhas de alfabetização; Pedagogia radical
Alunos, 66-8, 69-71, 148-9, 185-6. *Ver também* Educação, Escolas, Professores
América Latina, 44, 46, 93, 99, 156, 196
Analfabetismo: como ato de resistência, 53; como programa escolar oculto, 140; como autoafirmação, 142-43; definição, 36-7; nos Estados Unidos, 139 ss., 189-90; de classes média e alta, 52; panaceias para, 144; política do,

51; expulsões da escola e, 140-1. *Ver também* Alfabetização
Andrade, Mário de, 247, 252
Angola, 103, 104, 109, 115, 124, 138
Argentina, 99
Aronowitz, Stanley, 37, 52-3, 73, 81
Arruda, Augusta, 249
Arruda, Marcos, 125, 247, 249
"Astúcia" dos oprimidos, 163
Astuta, posição. *Ver* Educação, posição astuta na

Back-to-basics, 143-4, 178
Bakhtin, Mikhail, 35, 186
Benjamin, Walter, 58
Bennett, William J., 143, 190
Betto, Frei, 153, 154, 155
Bilinguismo, 130, 148
Bissau, 248, 252, 253, 256
Blochiano (Ernst Bloch), 68
Boles, Katherine, 74
Boston, escolas de. *Ver* Escolas, em Boston
Bourdieu, Pierre, 99

Bowles, Samuel, 72
Brasil, 44, 88, 99, 115, 119, 122, 124, 148, 154, 158, 161, 164

Cabo Verde, 103, 110, 124, 128-38 *passim*, 169, 173, 196, 245, 251
Cabral, Amílcar, 86, 107, 116, 123, 125, 134, 157, 173, 213, 232
Cabral, Luís, 107, 124, 129
Cabral, Mário, 12, 106, 107, 108, 110, 118, 126, 127, 129, 130, 131, 132, 245, 255, 257
Caderno de Educação Popular, 250
Camões, Luís Vaz de, 128
Campanhas de alfabetização: Guiné-Bissau, 103-38; a questão da língua nas, 182-91; manipulação neocolonialista das, 136, 172-3, 184; transformação revolucionária e, 122-3. *Ver também* Educação; Alfabetização
Cândido Mendes, Universidade, 106

Cardenal, Ernesto, 93, 119
Cardenal, Fernando, 93, 119
"Carta de Persépolis" (Unesco), 122
Cartas à Guiné-Bissau (Freire), 110, 119, 123, 127, 213, 227
CCPD, 110
Chicago, 164
Chile, 99, 209, 210, 211, 212, 238, 239
Chomsky, Noam, 7, 154
Círculos de Cultura: na Guiné-Bissau, 255
Classe funcionária africana, 173
Classes, 86, 127, 143, 196-7
Clássica, tradição, 176-7
Có, 249, 256, 257
Códigos linguísticos, 149
Coerência entre teoria e prática, 161
Cognitivo, desenvolvimento, abordagem da leitura do ponto de vista do, 179-80
Common Ground (Lukas), 192
Competência, currículo baseado na, 144
Computador, alfabetização para o, 38

Conhecimento; ato de, 23; natureza ideológica do, 61; interação como fonte de, 61, 62, 71-2; da cultura, 70. *Ver também* Educação
Consciência social, individualismo e, 81
Conselho Mundial de Igrejas, 105, 107, 108, 109, 110, 117; CCPD, 110; contribuições a movimentos de libertação, 109-11
Contexto, leitura no, 157-8, 195, 246
Contra-hegemonia, 35
Contras (Nicarágua), 154
Coreia do Norte, 122
Corrigan, Phil, 54-5
Criatividade, 94-5, 152
Crioulo, 123, 124, 126, 128, 133, 134-6, 138, 169, 247-53; como língua nacional, *Ver também* Português (língua)
Cuba, 122
Cultura, 84-5; da ignorância, 53; resistência e, 62-3; subalterna, 144, 146

Currículo, 65-6, 144-7; dominante e alunos subalternos, 151

Dacar, 126
Dar Es Salaam, 105
Déficit de aprendizagem, teoria do, 39
Desafricanização, 171. *Ver também* Reafricanização
Descolonização da mentalidade, 173, 185
Desmistificação: da realidade destorcida, 150, 195; do viés linguístico, 87; de mitos sociais, 96-7. *Ver também* Mito
Dewey, John, 180
Dialetos, 149
Diferença: comunidade e, 67; discurso e, 88-90; percebida como deficiência, 3. *Ver também* Discurso, pluralidade do
Discurso: transformador, 91; legitimação do, 66, 89, 149; dos alunos, 65-7, 149, 185-6; pluralidade do, 67, 71, 88-93, 115-23, 190

Divisão do trabalho, professores e, 62

Educação: como ato de conhecimento, 85; autoritária, 166; *back-to-basics*, 178, 143, 144; bilíngue, 190; contra-hegemônica, 35; cultura e, 84-6; direcional, 165-7; *laissez-faire*, 166; de resistência, 100; natureza política da, 142-3, 151-2; produção e, 114, 246; modelo reprodutivo de, 72, interesses especiais e, 57; *Ver também* Intelectuais; Conhecimentos; Alfabetização; Pedagogia radical; Escolas; Alunos; Professores
Educadores, *Ver* Professores
Elitismo, 162, 176, 198
Empowerment, 33, 34, 44, 45, 47, 49, 51, 64, 67, 73, 151, 186
Escola, voz da, 55
Escolas: transporte obrigatório nas, 192; investida conservadora

contra as, 75-7; crise da, 76; como produtoras de iniquidade, 171-2; como local do conflito de classes, 60-1; de Boston, 74, 192-3, 31; ideologia dominante das, 141-3; expulsão da, 140; analfabetismo como programa oculto das, 140-1; significado produzido pelas, 55-6; orientação profissionalizante das, 36-40. *Ver também* Educação; Alunos; Professores

"Escrita" e "reescrita" da realidade, 83, 121, 158, 255, 253

Uma escola chamada vida (Betto e Freire), 154

Estados Unidos, 7, 8, 32, 35, 37, 47, 50, 72, 73, 81, 89, 95, 122, 139, 140, 142, 143, 144, 145, 147, 148, 152-6, 160, 161, 164, 189, 190, 191, 197, 209, 218, 223, 224, 227-9, 236, 239

"Estupidez categorizada", 54

Expulsões, analfabetismo e, 139-40

FARP, 248
Faundez, Antônio, 100, 131
Festas do povo: pedagogia da resistência (Jorge Cláudio Ribeiro Jr.), 164
Freedman, Sara, 74
Frelimo, *Ver* Frente de Libertação de Moçambique
Frente de Libertação de Moçambique, 105

Genebra, 106, 108, 110-1, 210, 230, 234, 246
Gintis, Herbert, 72
Giroux, Henry, 9, 10, 32, 80, 81, 97, 98, 99, 100, 140, 147, 162, 164, 177, 179, 185, 203, 204, 205, 206, 224, 239
Grafitos, 164
Gramsci, Antonio, 33, 34, 35, 45, 183, 213
Grego, 176
Grenada, 155
Guiné-Bissau, 9, 12, 24, 47, 48, 103-11, 114-20, 123-29, 131, 133, 135, 138,

169, 213-15, 245-57 *passim*; diversidade linguística da, 115, 123; projeto de alfabetização na, 103-38; história oral na, 117

Hayakawa, S. I., 189
História: como memória libertadora, 59; construção da, 97; resgate da, 49
Hortas coletivas, 253-56

IDAC. *Ver* Instituto de Ação Cultural
Ignorância, cultura da, 53
Illiterate America (Kozol), 7, 139, 145
Incerteza, valor da, 94-5
Individualismo, 81, 95-6
Ingênua, posição. *Ver* Educação, posição ingênua
Inglês (língua): negro, 149-50; padrão, 151; "superioridade" do, 191
Iniquidade, produzida pelas escolas, 170-3
Instituto de Ação Cultural (IDAC), 107, 108, 110, 111, 115, 125, 126, 234

Intelectuais: definidos pela elite do poder, 140-3; intelectualistas vs., 198; professores como, 73. *Ver também* Professores

Jackson, Jane, 74
Johnson, Richard, 85

Kozol, Jonathan, 7, 139, 145

Laissez-faire, educação, 166
Lara, 104-5
Latim, 176
Legitimação do discurso, 66-7, 89, 149
Leitura. *Ver* Alfabetização
Lenin, V. I., 157, 158
Liberdade, necessidade e, 68
Língua: o africano como "português corrompido", 172; como instrumento de desmitificação, 150; análise de classe da, 88; cultura e, 45-6, 86-7; ideologia e, 45-6; oprimida e reprimida, 188-9; "superior", 151, 187, 191. *Ver também* Dialetos; Discurso; Códigos linguísticos

Língua, Instituto de, de Dacar, 126
Língua nacional, 247-52
Línguas nacionais, 129, 135, 185-6; como resistência, 248-9; suposta inferioridade das, 187
Línguas nativas. *Ver* Línguas nacionais
Língua padrão, 170, 186-7, 189, 197-8
Lukas, J. Anthony, 192
Lusted, David, 62

Marx, Karl, 97, 153, 205, 244
Máximo Gorki, Centro, 249, 256
Mecanismos deflagradores, 120, 122
Memória oral, 84
"Minoria", o viés do termo, 145-6
Misgeld, Dieter, 69
Mito: da superioridade linguística, 151; da educação neutra, 148; da língua e da cultura "selvagens", 135-8; da tecnologia, 95; do tempo perdido, 96-7. *Ver também* Desmitificação

Moçambique, 103-6, 109, 124, 138, 215
Mondlame, Roberto, 105
Mosquito, índios, 93, 122
Movimento Popular de Libertação de Angola (MPLA), 104-5
Movimentos pacifistas, 99
Movimentos sociais, 98-101
MPLA. *Ver* Movimento Popular de Libertação de Angola
Murais, 164

Nacionalidade, 87
Nações Unidas, 139
Necessidade, liberdade e, 68
Neutra, educação, o mito da, 148
Nova sociedade, 197. *Ver também* Sociedade ideal
Nicarágua, 93, 99, 109, 111, 119, 121, 154
Nitidez política, 152-6
No Pintcha (jornal), 125
Objetividade. *Ver* Subjetividade e objetividade
Objetos. *Ver* Sujeitos e objetos

Ortografia: da língua crioula, 136; da língua portuguesa, 131-3

PAIGC. *Ver* Partido Africano para a Independência da Guiné e do Cabo Verde

Paladar, 86, 240

Partido Africano para a Independência da Guiné e do Cabo Verde (PAIGC), 107, 117, 118, 246, 251

Pedagogia crítica. *Ver* Pedagogia radical

Pedagogia radical, 32, 38-41, 49, 79-82; erros da, 64-6, 71-2; dos anos 60, 66. *Ver também* Educação; Alfabetização; Escolas; Alunos; Professores

Pedagogia do oprimido (Freire), 16, 159, 227-30

Pereira, Aristides, 137, 173, 222

Pereira, José Maria Nunes, 106, 107, 110

Persépolis, 122

Peru, 122

Piaget, Jean, 179

Pinochet, Augusto, 154

Pluralidade da voz. *Ver* Discurso, pluralidade do

Política cultural, alfabetização como, 60-1

Politics of Education, The (Giroux), 98

Política da alfabetização. *Ver* Alfabetização, natureza política da

Política populista, 111-5, 119

Pontifícia Universidade Católica do Rio de Janeiro, 106

Por uma pedagogia da pergunta (Faundez e Freire), 100, 131

Portugal, 103, 171, 174, 197, 221

Português (língua): como instrumento de administração, 196; como língua "superior", 187; tensões de classe e, 127, 251-2; na África, 125-34, 169-70, 173-4, 182-9, 247-53; no Brasil, 88; no Cabo Verde, 127-8, 133-8; na Guiné-Bissau, 124-8; adequação do, 124-35, 187-9, 247-55;

suposto *status* do, 136, 183. *Ver também* Crioulo
Positivistas, teorias. *Ver* Teorias positivistas de alfabetização
Poder. *Ver Empowerment*
Prática, reinvenção da, 157
Produção cultural, alfabetização e, 170, 197
Produção: educação e, 114, 246; reinvenção da, 90-1
Professores: como iniciadores da mudança, 148; como integradores da diversidade, 149; como intelectuais, 73; como agentes técnicos, 145; coerções sobre, 74; desqualificação dos, 144; divisão do trabalho entre, 62. *Ver também* Educação; Intelectuais; Pedagogia radical; Escolas; Alunos
Profissionalizante, orientação, das escolas, 37, 38

Questionamento, 72, 223
Reafricanização, 136, 173, 184, 213
Reagan, Ronald, 154, 155

"Receita", textos tipo, 159-60
Reconstrução nacional, 195
Reconstrução do mundo. *Ver* Transformação
"Reescrita" da realidade, 121, 122, 158, 255
Reinvenção: do poder, 90; da prática, 157; de textos, 158
Relacional, natureza, da aprendizagem, 51, 64
Reprodução: modelo de educação, 72; teorias parisienses de, 99-100; teorias de, e ideologia dominante, 147-8
Reprodução cultural, alfabetização e, 170-1
Resistência: educação de, 99; alfabetização como, 53-4; língua e, 163, 249-50; dos oprimidos, 162-4; pedagogia da, 99-164; ambientes públicos e, 100; movimentos sociais e, 99
Rio de Janeiro, 106, 209
Rio Tejo, 174
Romântica, abordagem, da leitura, 180-2

Rurais, zonas, 248, 252
Rússia, 158

São Tomé e Príncipe, 9, 31, 47, 103, 110, 111, 124, 128, 130, 135, 138, 169, 211, 214
Sedengal, 254-7
"Selvagens", língua e cultura, 137-8, 172
Sexismo, 63
Significado, produção de, 55-9
Simon, Roger, 67
Sindicatos, 98
Sociedade ideal, 91-2. *Ver também* Nova sociedade
Sociolinguística, 219
Sofrimento, 46, 59, 67
Soletração. *Ver* Ortografia
Suaíle, 135
Subjetividade, 60, 61, 79, 90, 93-6, 98, 182
Subjetividade e objetividade, 81, 96
Sujeitos e objetos, 176, 188, 194
Superior, língua: o inglês como, 191; o português como, 187

Superioridade linguística, 151, 187, 191

Tanzânia, 104, 105, 106, 134, 135, 212
Tempo, mito do, perdido, 96-7
Teorias positivistas da alfabetização, 174-6
Textos, reinvenção de, 158
Transformação, 83, 90, 120-2, 167, 195
Tucker, Lem, 193
Turning the Tide (Chomsky), 154

Unesco, 122, 178
União Soviética, 122
Universidade da Tanzânia, 105
Uruguai, 99
Utilitarista, abordagem, da alfabetização, 177-9

Vietnã, 122
Voz, *Ver* Discurso

Willis, Paul, 72

Zâmbia 104, 105

Títulos de Paulo Freire editados pela Paz e Terra

A África ensinando a gente — Angola, Guiné-Bissau, São Tomé e Príncipe (Paulo Freire e Sérgio Guimarães)
À sombra desta mangueira
Ação cultural para a liberdade — e outros escritos
Alfabetização: leitura do mundo, leitura da palavra (Paulo Freire e Donaldo Macedo)
Aprendendo com a própria história (Paulo Freire e Sérgio Guimarães)
Cartas a Cristina — reflexões sobre minha vida e minha práxis
Cartas à Guiné-Bissau — registros de uma experiência em processo
Dialogando com a própria história (Paulo Freire e Sérgio Guimarães)
Educação como prática da liberdade
Educação e mudança
Educar com a mídia — novos diálogos sobre educação (Paulo Freire e Sérgio Guimarães) (Título anterior: *Sobre educação vol. 2*)
Extensão e comunicação
Lições de casa — últimos diálogos sobre educação (Paulo Freire e Sérgio Guimarães) (título anterior: *Sobre educação*: Lições de casa)
Medo e ousadia — o cotidiano do professor (Paulo Freire e Ira Shor)
Nós dois (Paulo Freire e Nita Freire)
Partir da Infância — diálogos sobre educação (Paulo Freire e Sérgio Guimarães)
Pedagogia da autonomia — saberes necessários à prática educativa
Pedagogia da esperança — um reencontro com a *Pedagogia do Oprimido*
Pedagogia da indignação — cartas pedagógicas e outros escritos
Pedagogia da libertação em Paulo Freire (Nita Freire, et al.)
Pedagogia da solidariedade (Paulo Freire, Nita Freire e Walter Ferreira de Oliveira)
Pedagogia da tolerância
Pedagogia do compromisso — América Latina e Educação Popular
Pedagogia do orimpido
Pedagogia dos sonhos possíveis
Política e educação
Por uma pedagogia da pergunta (Paulo Freire e Antonio Faundez)
Professora, sim; tia, não

Este livro foi composto na tipografia Dante MT Std, em corpo 12/15, e impresso em papel off-white no Sistema Digital Instant Duplex da Divisão Gráfica da Distribuidora Record.